AF274148

••• Títulos relacionados

SSCI0109
EMPLEO DOMÉSTICO

[DISPONIBLE CERTIFICADO COMPLETO]

Solicítalos en:
• Librería
• www.paraninfo.es
• Solicitudes nacionales +34 914 463 350
• Solicitudes fuera de España +34 913 308 907, +34 913 308 919

Limpieza doméstica
MF1330_1

Laura Martell Siles

© 2025 Ediciones Paraninfo, S. A.
© 2025 Autora: Laura Martell Siles

Maquetación: Ediciones Nobel

Impresión: Liberdigital (Casarrubuelos, Madrid)
ISBN: 978-84-283-7253-4
Depósito legal: M-22329-2025

Impreso en España

Cualquier forma de reproducción, distribución, comunicación pública o transformación de esta obra solo puede ser realizada con la autorización de sus titulares, salvo excepción prevista por la ley. Diríjase a CEDRO (Centro Español de Derechos Reprográficos, www.cedro.org <http://www.cedro.org>) si necesita fotocopiar o escanear algún fragmento de esta obra.

Laura Martell Siles comienza a trabajar en el sector de los recursos humanos desde muy joven, aunque su verdadera vocación siempre había sido dedicarse a ayudar a los demás. Por este motivo realiza la diplomatura en Trabajo Social, obteniendo el premio extraordinario de fin de carrera de su promoción. Al poco tiempo, comienza a desempeñar su labor como trabajadora social en una conocida entidad de acción social, mientras que continúa formándose como mediadora familiar, otra de sus grandes pasiones. En la actualidad, compagina su trabajo de mediadora con la redacción de manuales para cursos de Certificados Profesionales.

Índice

Introducción normativa

La Ley Orgánica 3/2022, de 31 de marzo, de ordenación e integración de la Formación Profesional, contiene una disposición derogatoria única que afecta a la regulación de los certificados de profesionalidad, ahora denominados **Certificados Profesionales**. La referida normativa deroga la Ley Orgánica 5/2002, de 19 de junio, de las Cualificaciones y de la Formación Profesional, y abre un escenario de cambios que se irá implementando progresivamente.

La Ley Orgánica 3/2022, de 31 de marzo, de ordenación e integración de la Formación Profesional implica que toda la formación es acumulable. La oferta formativa se estructura de forma escalonada, siendo los Certificados Profesionales un nivel intermedio (Grado C) de una escala que va desde el Grado A hasta el E.

En los artículos 35 a 38 de la Ley 3/2022 se describe en qué consisten estos Certificados Profesionales: su oferta, formación asociada, estructura, duración, acceso, titulación y validez. Posteriormente, esta normativa se completa con lo dispuesto en el Real Decreto 659/2023, de 18 de julio, que desarrolla la ordenación del sistema de Formación Profesional. Concretamente, en los artículos 67 a 81 es donde se hace referencia a la oferta formativa de Grado C, correspondiente a los Certificados Profesionales.

Están agrupados en 26 familias profesionales con características comunes del sector. En la actualidad hay más de medio millar de Certificados Profesionales incluidos en el Repertorio Nacional. Esta cifra no deja de crecer. Además, cada certificado está específicamente regulado por un real decreto.

Un Certificado Profesional corresponde al Grado C de la oferta del Sistema de Formación Profesional. Es un documento oficial, con validez en todo el territorio nacional y debe constar en el Catálogo Nacional de Ofertas de Formación Profesional, que certifica la capacitación para el desarrollo de una actividad profesional.

Debe detallar los módulos profesionales superados y los estándares de competencia profesional asociados a él e incluidos en el **Catálogo Nacional de Estándares de Competencias Profesionales**, así como su correspondencia con el Marco Español de Cualificaciones.

Despliegan su validez en un doble ámbito, laboral y académico:

- En el contexto laboral tienen validez profesional, porque acreditan las competencias en una determinada profesión. Para poder trabajar en algunas profesiones, se exigen determinadas cualificaciones, y los certificados sirven para acreditarlas.

- Asimismo, tienen validez académica, puesto que permiten continuar un itinerario formativo siempre que se cumplan los requisitos de acceso para cursar la titulación deseada. De tal modo que, los Certificados Profesionales que sean parte de un Grado D permitirán la matrícula modular para completar los módulos establecidos en el currículo y obtener el correspondiente título de técnico básico, técnico o técnico superior con validez en todo el territorio nacional.

Para obtener un Certificado Profesional (Grado C) es preciso cumplir con los requisitos de acceso para realizar la formación.

Estructura de los Certificados Profesionales

I. Identificación: denominación, familia y área profesional a la que pertenecen; nivel de cualificación profesional (1, 2 o 3); cualificación profesional de referencia; entorno profesional y módulos formativos que esté previsto cursar junto con la duración de cada uno de ellos.

II. Perfil profesional: incluye las competencias profesionales requeridas en el mercado laboral. En todas ellas se concretan las realizaciones profesionales y los criterios de realización.

III. Formación: describe los módulos formativos que estén previsto cursar para adquirir las competencias requeridas. En cada uno de ellos se indican las capacidades que se pretenden alcanzar y la duración del módulo de prácticas no laborales —PNL—, para el que cabe solicitar exención si se cumplen determinados requisitos.

IV. Prescripciones de las personas formadoras.

V. Requisitos mínimos de espacios, instalaciones y equipamiento.

Los Certificados Profesionales se identifican con una denominación concreta y un código alfanumérico propio, y sirven para acreditar una determinada cualificación profesional. Cada certificado está asociado a una relación de unidades de competencia que, a su vez, se vinculan con una serie de módulos formativos específicos. Algunos módulos están integrados por unidades formativas y tanto unos como otras son, en ocasiones, transversales, lo que significa que se trata de contenidos incluidos en más de un Certificado Profesional.

Los Certificados Profesionales se articulan en tres niveles de competencia profesional (1, 2 y 3) conforme a lo dispuesto en el que será el Catálogo Nacional de Estándares de Competencias Profesionales, anteriormente Catálogo Nacional de Cualificaciones Profesionales (CNCP), según los criterios establecidos de conocimientos, iniciativa, autonomía y complejidad de las tareas, en cada una de las ofertas de Formación Profesional.

La oferta formativa dirigida a la obtención de los Certificados Profesionales tiene carácter modular para favorecer la acreditación parcial acumulable de la formación recibida y posibilitar así el avance en el itinerario de Formación Profesional para cualquiera que sea la situación laboral de cada persona en cada momento.

En definitiva, el Grado C constituye la oferta, parcial y acumulable, del sistema de Formación Profesional, de varios módulos profesionales del catálogo modular de Formación Profesional por razón de su significado en el mercado laboral y conducente a la obtención de un Certificado Profesional.

Las ofertas de Grado C de Formación Profesional tendrán por objeto módulos profesionales incluidos previamente en el catálogo modular de Formación Profesional y asociados al Catálogo Nacional de Estándares de Competencias Profesionales.

Finalidad de los Certificados Profesionales

- Contribuir a la ordenación de un Sistema de Formación Profesional al servicio de un régimen de formación y acompañamiento profesionales que sea capaz de responder con flexibilidad a los intereses, expectativas y aspiraciones de cualificación profesional de las personas a lo largo de su vida.

- Combinar escuela y empresa situando a la persona en el centro del sistema.

- Facilitar el aprendizaje permanente de toda la ciudadanía mediante una formación abierta, flexible y accesible, estructurada de forma modular, a través de la oferta formativa asociada al certificado.

- Acreditar las cualificaciones profesionales o las unidades de competencia recogidas en estas, independientemente de su vía de adquisición, bien sea través de la vía formativa, o mediante la experiencia laboral o vías no formales de formación.

- Favorecer, tanto en el ámbito nacional como europeo, la transparencia del mercado de trabajo.

- Contribuir a la calidad de la oferta de Formación Profesional.

Este libro

El presente libro desarrolla el Módulo Formativo denominado «Limpieza doméstica», MF1330_1.

Dicho módulo formativo está asociado a la Unidad de Competencia UC1330_1, que se incluye en la cualificación profesional de referencia SSC413_1, de nivel 1, y que pertenece al Certificado Profesional denominado SSCI0109 «Empleo doméstico», de la familia profesional de Servicios Socioculturales y a la Comunidad.

Según el Real Decreto 721/2011, de 20 de mayo, los contenidos que en esta obra se recogen se corresponden con una formación de 30 horas de duración.

Tanto la estructura como el desarrollo del libro se ajustan al citado Real Decreto y más concretamente a los contenidos del Módulo Formativo MF1330_1 que le da título «Limpieza doméstica».

Contenido

1. **Procedimientos de organización del trabajo**
   - Procedimientos de aseo e higiene en el domicilio. Adaptación al cliente.
   - Interpretación y ejecución de las instrucciones recibidas.
   - Planificación de las actividades de limpieza: secuencia y frecuencia.
   - Preparación del entorno de trabajo:
     — Presencia de personas o animales en el espacio que se va a limpiar.
     — Preservación del orden.
     — Ventilación de espacios.
   - Verificación del trabajo ejecutado.
   - Identificación de riesgos inherentes a la actividad de limpieza.
   - Identificación de riesgos del domicilio de trabajo.
   - Identificación de riesgos derivados de la utilización y manipulación de productos.
   - Identificación de riesgos derivados del trabajo en altura.
   - Presencia de personas en el espacio que se va a limpiar.
   - Utilización de equipos de protección individual.
   - Siniestralidad en baño y cocina.

2. **Materiales, equipos y superficies en los diferentes espacios de un domicilio particular**
   - Tipología de elementos y espacios de limpieza: mobiliario, paredes, puertas, rodapiés y alfombras, ventanas y elementos circundantes.
   - Identificación de composición de materiales y superficies: metálicos, madera, textiles, plásticos, cristales, metacrilato, cuero, productos pétreos o derivados, otras superficies.
   - Caracterización de materiales y superficies: propiedades y características.
   - Alteración de las propiedades de los objetos.
   - Identificación de los diferentes útiles del mercado.
   - Selección y uso de los diferentes útiles.
   - Procesos de conservación de útiles.
   - Tipología de productos.
   - Productos de limpieza.
   - Dosificación de productos de limpieza.
   - Indicaciones presentes en el etiquetaje de los productos de limpieza.
   - Identificación de riesgos para la salud derivados de un mal uso de los productos de limpieza.
   - Utilización del aspirador.

3. **Operaciones de limpieza, en domicilios particulares**
   - Técnicas de limpieza del mobiliario y de objetos ubicados en el domicilio:
     — Técnicas de limpieza y secuenciación de actividades en cada técnica.
     — Relación de materiales y técnicas de limpieza.
   - Técnicas de limpieza de paredes, puertas, rodapiés y alfombras:
     — Técnicas de limpieza y secuenciación de actividades en cada técnica.
     — Relación de materiales y técnicas de limpieza.
   - Limpieza e higienización de superficies:
     — Técnicas de limpieza e higienización de superficies.
     — Secuenciación de las actividades en cada técnica.
   - Técnicas de limpieza de cristales de ventanas y elementos circundantes (marcos, persianas y rejas):
     — Secuenciación de las actividades en cada técnica.
   - Técnicas de limpieza y desinfección de aseos:
     — Técnicas de limpieza de aparatos sanitarios.

- — Técnicas de limpieza de azulejos y accesorios.
- — Técnicas de limpieza de suelos.
- — Operaciones de reposición de consumibles.
- Técnicas de limpieza de manchas:
  - — Identificación de diferentes tipos de manchas: cosméticas, biológicas, alimentos, bebidas, otras manchas.
  - — Procesos de limpieza de manchas.
  - — Inconvenientes de una selección inadecuada del producto.
- Clasificación y separación de residuos.
- Depósito en los contenedores adecuados.
  - — Utilización de puntos limpios.
  - — Criterios para un uso racional del agua y la energía.

■ Nota del editor

En Ediciones Paraninfo estamos comprometidos con la calidad de la formación e intentamos que nuestros materiales respondan fielmente y con rigor a las necesidades de todos cuantos confían en nuestro sello editorial.

Tratamos de dar respuesta a los currículos de las unidades formativas y de los módulos que integran los distintos Certificados Profesionales, equilibrando la parte teórica con la práctica para que los procesos de aprendizaje se conviertan en experiencias gratificantes, tanto para docentes como para las personas inmersas en los procesos formativos.

Nuestros objetivos son contribuir de forma decisiva a afianzar aprendizajes, ayudar a adquirir destrezas que tengan significado para el empleo y conseguir potenciar el desarrollo personal.

Para lograrlo contamos con excelentes autores, expertos en las materias que abordan, en la mayoría de los casos docentes de dichas especialidades con dilatada experiencia tanto profesional como académica, porque buscamos perfiles familiarizados con los contextos laborales concretos a los que se refieren nuestros manuales.

Confiamos en poder serte de ayuda y esperamos tus impresiones acerca de nuestro trabajo. Sean positivas o negativas, serán muy bien recibidas y, sin duda, nos ayudarán a seguir mejorando y trabajando con ilusión para continuar siendo un referente en formación para el empleo.

Agradecemos tu confianza en nuestros manuales. Todo nuestro equipo queda a tu total disposición. Puedes contactar con nosotros en esta dirección de correo electrónico:

info@paraninfo.es

Introducción a la obra

La incorporación de la mujer al mundo laboral ha generado la necesidad de buscar personas que puedan ocuparse de la limpieza doméstica de los hogares.

Históricamente han sido las mujeres las que se han ocupado de estas tareas, pero el hecho de pasar tiempo fuera del domicilio, debido a la actividad laboral, ha provocado que sea necesaria la existencia de personas que se dediquen a estas actividades.

La aplicación de una normativa específica al respecto es bastante actual, ya que hasta el momento la actividad que se generaba en el ámbito privado de los domicilios no estaba regulada, dando este hecho pie a la existencia de trabajo sumergido. En la actualidad, la relación laboral en el sector del servicio doméstico está regulada por dos normas:

- **Real Decreto 1620/2011, de 14 de noviembre, reforma el régimen laboral del empleo doméstico.**

- **Real Decreto 29/2012, de 28 de diciembre, de mejora de gestión y protección social en el Sistema Especial para Empleadas de Hogar y otras medidas de carácter económico y social.**

Estas normas son de aplicación en los casos en los que la persona empleada preste servicios para uno o varios empleadores, a jornada completa o parcial, realizando tareas domésticas entre las que nos encontramos: todo tipo de tareas domésticas, cuidado o atención de los miembros de la familia, trabajos de cuidado de menores, jardinería, conducción de vehículos, siempre que se lleven a cabo enmarcados dentro del conjunto de tareas domésticas.

En cuanto a los derechos y deberes laborales, están recogidos:

- En el Real Decreto 1331/2006, de 17 de noviembre, que regula la relación laboral de carácter especial de acuerdo con el artículo 2.1b) de la ley del **Estatuto de los Trabajadores.**

- En los artículos 4 y 5 del **Estatuto de los Trabajadores.**

Este curso va dirigido a personas que se quieren dedicar al trabajo doméstico. En muchas ocasiones nos encontramos con personas que piensan que las actividades que se realizan día a día en los hogares y que van encaminadas al mantenimiento de la higiene de los mismos, no requieren ser enseñadas y se aprenden a través de la propia práctica.

A partir de estas líneas veremos cómo el hecho de ofrecer un servicio de limpieza profesional requiere unos conocimientos, habilidades y destrezas para realizarlo, ya que el objetivo no es hacerlo bien, sino hacerlo cada vez mejor.

1. Procedimientos de organización del trabajo

Introducción

Los procesos de aseo e higiene en el domicilio tienen unas características especiales: serán elegidas por el empleador y no están recogidas en ninguna normativa oficial.

Contenido

1.10. Presencia de personas en el espacio que se va a limpiar

1.11. Utilización de equipos de protección individual

1.12. Siniestralidad en baño y cocina

Objetivos

En este capítulo vamos a aprender a:

- Valorar qué variables perjudican o favorecen el desarrollo de la limpieza en domicilios particulares y conocer los procesos.

- Seguir una serie de actuaciones cuando existe la presencia de personas o animales en el espacio que se va a limpiar.

- Conocer los riesgos laborales asociados a la limpieza de domicilios particulares, y el modo de prevenirlos.

1.1. Procedimientos de aseo e higiene en el domicilio. Adaptación al cliente

El trabajo como empleado o empleada del hogar tiene unas características que lo diferencian de otros y que podríamos resumir en que las normas de aseo e higiene son elegidas por el propietario de la vivienda, que generalmente es el empleador, pero son llevadas a cabo por el empleado que, a su vez, es el responsable de reconducir las indicaciones que recibe, ya que son ellos son los profesionales de las tareas domésticas y los encargados de conseguir que se alcance la calidad de limpieza e higiene que se busca.

Al mismo tiempo, hay que tener en cuenta que los estándares de limpieza que cada uno tiene pueden ser muy distintos. Así que una de las dificultades con las que nos podemos encontrar estriba en que, por una parte, es el empleador el que nos dará las indicaciones que considere necesarias para llevar a cabo nuestro trabajo, pero son las personas empleadas del hogar las que, siendo las profesionales de esta actividad laboral y teniendo los conocimientos y aptitudes que se necesitan, tendrán que poner en práctica sus habilidades de forma que la higiene del hogar en el que trabajan sean de la mayor calidad posible.

Para colaborar en que este objetivo se cumpla, se nos plantea la necesidad de definir distintos términos. Entre ellos consideramos los siguientes:

- Higiene: según la Real Academia Española, en su segunda acepción, la palabra higiene se define como «limpieza o aseo». En su primera acepción, nos encontramos la relación directa entre higiene y salud, siendo definida como «parte de la medicina que tiene por objeto la conservación de la salud y la prevención de enfermedades».

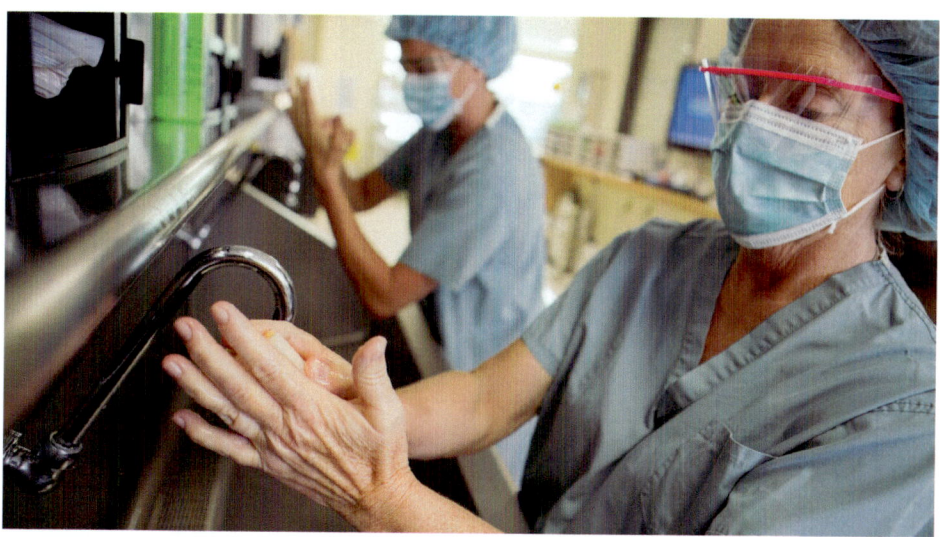

Por último, encontramos la diferenciación entre pública y privada, relacionando la higiene pública como un asunto en el que interviene el Estado, desarrollando reglas preventivas, y la higiene privada como la que depende de la aplicación de cada individuo. Ni que decir tiene que en nuestro caso estaríamos en esta última.

El término de higiene tiene, obviamente, distintos alcances, ya que la necesidad de la misma es distinta si nos referimos a un hospital, a una oficina, o si nos estamos refiriendo a nuestro propio hogar. Aunque el objetivo sería el mismo, los procedimientos, útiles y productos serían distintos.

- Por otra parte, surge la necesidad de explicar el término desinfección. En estrecha relación con el término higiene, va más allá de los aspectos estéticos, teniendo mucho que ver con la eliminación de agentes patógenos que, de no ser suprimidos, podrían llegar a causar alguna enfermedad. Para llevar a cabo la desinfección, se necesitan productos químicos, ya que los virus, bacterias, etc., son eliminados, de forma general, a través de ellos. Sin embargo, cuando nos referimos al término higiene, no son productos imprescindibles.

Los procedimientos de higiene en los domicilios privados van a depender básicamente del número de horas que se destinen a los mismos. De ello se desprende que, si el empleador tiene un mayor interés por la higiene en su domicilio, contará con nosotros durante más horas, sin embargo, todo ello depende del alcance económico y de la percepción de la necesidad que sienta. Por otra parte, también influirán las dimensiones de la vivienda y sus características propias. No necesita el mismo tiempo de limpieza una vivienda situada en un edificio de una ciudad que una casa con varias plantas en un entorno rural.

1.2. Interpretación y ejecución de las instrucciones recibidas

Cuando se inicia una relación laboral entre un empleador y un empleado doméstico, es necesario establecer una serie de normas que condicionarán la relación laboral. Es al inicio de esta relación cuando deben marcarse estas normas. Estas se basarán en una serie de instrucciones que el empleado recibirá sobre el procedimiento en sí, el orden de limpieza, los útiles que debe usar, los productos de limpieza preferidos por el empleador, etc. La actividad debe llevarse a cabo según las instrucciones recibidas, teniendo en cuenta que estas no serán inamovibles, sino que podrán irse modificando en función de distintos imprevistos.

Se pueden diferenciar dos momentos diferentes en cuanto a la recepción de instrucciones:

- Inicio de la relación laboral. Es el momento en el que se produce la firma del contrato y en el que se indican las principales responsabilidades del empleado o empleada, se acuerdan los horarios y los días de realización de las distintas tareas. También se produce la organización del trabajo a través de una serie de indicaciones que el empleador dará al empleado.

- Durante la relación laboral. Una vez iniciada la relación laboral, el empleado doméstico puede recibir instrucciones distintas de las dadas en un primer momento. En ocasiones surgen tareas distintas de las pactadas al inicio o, simplemente, imprevistos o situaciones extraordinarias que pueden generar la modificación de la organización del trabajo, el aumento o disminución de tareas programadas o de horarios.

Todas estas modificaciones y trasmisión de información del empleador al empleado pueden hacerse por dos vías:

- A través de documento escrito: es este método el más idóneo para evitar olvidos y malentendidos. El empleador escribirá en un documento los cambios que solicita.

- A través de comunicación verbal: el empleador explicará de forma detallada las modificaciones que solicita. Aunque es el método más extendido, a veces da pie a olvidos, por lo que es aconsejable tomar notas de los requerimientos del empleador.

Una vez superados estos primeros momentos, se produce el inicio de la actividad laboral. Hay que tener en cuenta que, cuando se trabaja en el domicilio de otra persona, se forma parte de la intimidad de esa familia, por lo que hay que adaptarse a sus necesidades, teniendo en cuenta las siguientes indicaciones:

- Es necesario ser totalmente respetuoso con la vida privada de la persona o de la familia, teniendo una actitud discreta hacia los hechos y situaciones que se den dentro de la vivienda.

- Hay que tener en cuenta que, será el empleador el que elegirá, con carácter general, los útiles y productos que se deben usar, ya que dependerá de sus preferencias personales.

- Habrá empleadores que intenten que el empleado siga unas directrices concretas en su forma de trabajar, a lo que el empleado deberá adaptarse, y habrá otros que permitan una metodología propia del empleado, hecho que permitirá una mayor creatividad por parte del empleado doméstico.

1.3. Planificación de las actividades de limpieza: secuencia y frecuencia

Como primer paso para la realización de las tareas pactadas con el empleador, es necesaria la planificación de las actividades para el correcto estado de orden y limpieza del inmueble. Para ello se proponen los siguientes pasos:

1	Detectar las necesidades del hogar. Para ello se debe hacer un compendio entre lo que el empleador manifiesta que necesita y lo que el empleado observa. Por ejemplo: puede ser que el empleador no haya manifestado la necesidad de la limpieza de los cristales, pero nosotros observemos que es necesaria. Por ello es conveniente hacer partícipe al empleador de las necesidades que se observan.
2	Valorar las necesidades de higiene de cada dependencia en función de su uso, del mobiliario, de la decoración, del número de personas que convivan en el domicilio, de la presencia o no de animales de compañía, del entorno, etcétera.
3	Estimar si será posible llevar a cabo la higiene del hogar, con el servicio contratado.
4	Acordar los productos que se van a utilizar y cuáles van a ser sus usos.

Como hemos comentado, las secuencias y frecuencias de la limpieza van a ser elección del empleador aunque el profesional como tal debe detectar e informar de las carencias que se prevean.

A continuación, se aporta el siguiente cuadro donde se recogen la periodicidad y la profundidad con que proponemos la limpieza de los inmuebles. Hay que tener en cuenta que son indicaciones generales, por lo que deben adaptarse a cada caso valorando las variables anteriormente mencionadas:

BAÑOS Y ASEOS	Limpieza diaria. Se hará una limpieza en profundidad una vez por semana.
COCINAS Y LAVADEROS	Los azulejos se limpiarán una vez al mes en profundidad.
SALÓN	Todos los días se pasará la mopa o se hará un barrido y se hará una limpieza rápida del polvo. La limpieza del suelo y del polvo será más detallada en días alternos.
SALAS DE ESTAR	Los cristales se limpiarán una vez a la semana y las ventanas en profundidad una vez al mes. La periodicidad de las persianas será una vez cada dos meses.
DORMITORIOS	Las puertas se higienizarán semanalmente.
ESTUDIOS	El desenfundado de los sofás y la limpieza de las cortinas se hará cada seis meses, teniendo en cuenta el tejido.
TERRAZAS Y PATIOS	Se hará el barrido diario y una limpieza más en profundidad, semanalmente.

Actividad práctica

Trabajamos como servicio doméstico en una vivienda donde residen 4 personas, matrimonio y dos hijos. La vivienda consta de cocina, salón, 3 dormitorios, baño, aseo y terraza. Elabora una planificación semanal de limpieza del inmueble descrito.

1.4. Preparación del entorno de trabajo

Como ya hemos apuntado antes, cada vivienda tiene unas características especiales que la hacen más o menos fáciles de limpiar. Por ejemplo, el estilo de decoración y el mobiliario influirán positiva o negativamente en función de si el estilo es sencillo o más bien cargado.

Por otra parte, hay que tener en cuenta que la preparación del entorno de trabajo también tiene como objetivo reducir el riesgo de accidentes y favorecer el desarrollo de las tareas con facilidad y eficacia. Para ello se proponen tres pasos:

1.º Acercar los productos y útiles de limpieza a la estancia en la que vamos a realizar la limpieza, colocándolos en una zona apartada del paso para que se eviten tropiezos y derrames que puedan estropear el mobiliario o el suelo.

2.º Retirar mobiliario y objetos que supongan un obstáculo para la limpieza. Por ejemplo, si nos encontramos en el comedor, habrá que retirar las sillas que rodean la mesa para realizar la limpieza convenientemente.

3.º Una vez que los útiles están en la zona donde vamos a trabajar y la estancia está despejada, iniciaremos las tareas que, según la planificación previamente realizada, nos corresponde.

1.4.1. Presencia de personas o animales en el espacio que se va a limpiar

Cuando hacemos una planificación de la limpieza de la vivienda en la vamos a trabajar, normalmente se baraja la idea de que no va a haber presencia de personas o animales en la zona. Pero no siempre es así, y estos son elementos que hay que tener en cuenta, ya que van condicionar en gran medida el resultado de nuestra labor.

En todos los supuestos, es interesante evitar estas situaciones, negociando con el empleador los tiempos y horarios de limpieza o solicitando a la persona presente que cambie su ubicación durante algún tiempo. Sin embargo, no siempre es esto posible. En el caso de que debamos realizar nuestra labor con la presencia de personas en la zona, actuaremos de forma distinta en función de la edad de

la misma, aunque las precauciones que se deben tomar serán las mismas: hay que prevenir los riesgos para las personas que estén presentes. En ocasiones los productos que se utilizan son tóxicos, por lo que se evitarán que estas personas puedan tener contacto con los mismos. Por otra parte, los productos de limpieza pueden causar olores que provoquen malestar en las personas que se encuentren presentes, siendo necesario ventilar la zona de trabajo. Es también frecuente que se puedan producir ruidos que supongan una molestia a las personas, por lo que cabe la posibilidad de solicitar un cambio de estancia.

En el supuesto de que se encuentren presentes niños en la estancia, habrá que extremar las precauciones. Suele ser difícil aislarlos de la zona de trabajo, ya que su curiosidad puede hacer que quieran estar presentes. Es importante avisar a los responsables de los menores del riesgo que pueden correr, sobre todo con los productos químicos que se utilizan en las labores del hogar, apartando del alcance de los niños los productos que puedan ser manipulados por ellos.

Otro caso que nos podemos encontrar es que en la estancia que se va a limpiar haya personas impedidas que, por sus dificultades de movilidad, no puedan ser retiradas de la zona. En estos supuestos se pondrá en conocimiento del empleador las dificultades encontradas para que sea él el que nos indique cómo prefiere que se haga.

Si las tareas de limpieza se van a realizar en un domicilio en el que hay animales domésticos, las medidas que se deben utilizar son también diferentes. Si vamos a limpiar la zona donde el animal duerme, es necesario que se haga una desinfección por cuestiones evidentes. Además, se deberá hacer con mucho detenimiento si es el lugar donde al animal, por ejemplo, gato, hace sus necesidades.

Habrá que tener un especial cuidado con los olores y con el pelo del animal. El pelo suele adherirse tanto a moquetas como a sofás, por lo que será necesario que se aspire muy a menudo. El animal deberá ser cepillado cada poco tiempo, y más a menudo en las épocas en las que cambian el pelo. Con relación a los olores, habrá que reducir el olor de los animales a través de una higiene correcta de los mismos.

Como norma general, habrá que tener especial cuidado con el uso de productos químicos que puedan perjudicar la salud de los animales, retirando los productos en cuanto hayan sido usados.

1.4.2. Preservación del orden

En el ámbito de la limpieza doméstica el orden es un aspecto fundamental, ya que nos hace llevar a cabo nuestro trabajo más fácilmente en términos de eficacia. Aunque en un principio nos requiera invertir algo de tiempo en ordenar las estancias, los útiles y las técnicas de limpieza, a corto plazo, ese tiempo se recupera.

Cuando hablamos de orden, nos referimos al orden en tres aspectos: el orden de la habitación que se va a limpiar; el orden de los útiles y productos que vamos a utilizar, tanto en la estancia como en los lugares donde se guardan; y el orden en las tareas que se van a realizar. A continuación, hablaremos de lo anterior:

- Orden en la estancia que se va a limpiar. Para obtener un buen resultado en las tareas realizadas, es imprescindible que el espacio donde vamos a trabajar esté en completo orden. Por lo que consideramos la tarea de ordenar el espacio como la primera actividad que se debe realizar. Se retirarán objetos situados en el suelo, mesas y sillas fuera de su lugar, etc., con el objetivo de rentabilizar nuestro tiempo de trabajo y de evitar accidentes que puedan ser provocados por tropiezos.

  Es también importante recordar que el orden dentro de las estancias aporta un elevado grado de confort.

- Orden en los productos y útiles de limpieza. Nos referimos a la importancia que tiene que tanto en el lugar donde se guardan como en el espacio que se va a limpiar se encuentren ordenados. Si mantenemos los útiles y productos ordenados en el lugar donde se almacenan, será más fácil localizarlos e identificar cuáles son necesarios reponer. Si mantenemos el orden durante el proceso de limpieza, será mucho más fácil evitar accidentes debidos a tropiezos y derrames.

- Orden en las tareas que se van a realizar. Aunque de esto hablaremos más adelante, un ejemplo de lo que se quiere transmitir es que en la limpieza del polvo se comience por la parte superior, se hagan las camas antes de la limpieza, etcétera.

Orden en la estancia que se va a limpiar ➤ Orden en los productos y útiles de limpieza ➤ Orden en las tareas que se van a realizar

1.4.3. Ventilación de espacios

Para que las estancias en las viviendas sean más confortables, es necesario que se lleven a cabo ventilaciones diarias que renueven el aire de las estancias y ayuden a eliminar los malos olores.

Los dormitorios, salón, cuarto de estar, pasillos, etc., se deben ventilar al menos una vez al día durante 10 minutos.

La cocina es importante que se mantenga ventilada sobre todo en los momentos de la elaboración de la comida. Se puede llevar a cabo abriendo las ventanas o a través de los extractores instalados normalmente en ella.

Los baños deben ser ventilados sobre todo en los momentos posteriores a la ducha o a haber sido utilizado el inodoro. En muchas viviendas los baños carecen de ventanas, aunque existen unas rejillas de ventilación que cumplen con la misma función.

Hay que tener en cuenta la temperatura exterior de la vivienda a la hora de ventilarla. En verano es preferible realizar la ventilación en las primeras horas de la mañana, ya que el aire es más fresco y se evita que se caliente el interior en exceso. En invierno habrá que valorar el tiempo necesario para que la vivienda se oxigene, pero sin perder más calor del necesario.

Cuando se haga la ventilación, es preferible apagar los aparatos climatizadores con el objetivo de hacer un uso responsable de la energía que se consume.

1.5. Verificación del trabajo ejecutado

Con el objetivo de comprobar que las labores encomendadas se han llevado a cabo correctamente, es necesario hacer una verificación del trabajo ejecutado. Esta verificación consiste en comprobar que los estándares de higiene que el empleador nos indicó en su momento, o en defecto de ellos, los que cada uno estime oportunos, se han alcanzado. Para ello, se propone que se revisen restos de polvo, tanto en el mobiliario como en el suelo; huellas

en cristales, muebles o puertas; o restos de manchas que se hayan mantenido una vez fregado los suelos.

Esta verificación promoverá la rectificación de las tareas que no se hayan hecho correctamente y, con ello, las posibilidades de mantener el puesto de trabajo.

1.6. Identificación de riesgos inherentes a la actividad de limpieza

La actividad de limpieza, como cualquier otra actividad laboral, conlleva una serie de riesgos asociados directamente con las labores que se deben realizar.

Uno de los objetivos de la mayor profesionalización de esta actividad va directamente relacionado con la reducción de los daños que puedan ocasionar las tareas que se deben desarrollar.

En un principio, clasificaremos los riesgos en tres apartados:

- Riesgos que producen daños físicos.

  — Resbalones: producidos sobre el suelo mojado. Para evitar este tipo de riesgos, se recomienda no pisar sobre suelos húmedos o resbaladizos y el uso de un calzado adecuado que sea, a la vez, cómodo y antideslizante.

  — Tropiezos: en ocasiones, estos tropiezos son debidos a la colocación de mobiliario o artículos de limpieza en lugares inadecuados o de paso. Es necesario colocarlos siempre fuera de la zona de trabajo, lo más cercano posible a las paredes. También hay que tener en cuenta los cajones y armarios abiertos en las zonas de paso.

  — Caídas a distinto nivel: generalmente suelen ocurrir por el uso inadecuado de las escaleras. Cuando se va a realizar la limpieza de zonas elevadas para las que se requiere el uso de escaleras, es necesario tener en cuenta que debe estar apoyada correctamente de forma estable, se debe evitar la colocación de productos en los distintos peldaños, extremando la atención que se presta a esta actividad para evitar pérdidas de equilibrio. Hay que evitar el uso de cualquier otro mueble para subirse.

— Cortes: generalmente producidos por el uso de objetos punzantes. Es necesario extremar la precaución cuando se usan estos objetos.

— Caídas de objetos desde distintas alturas: nos referimos a objetos que puedan estar colocados en altura y que, al intentar limpiar la zona, puedan caer sobre nosotros. También pueden ser lámparas que no estén colocadas convenientemente, cuadros, espejos, etc. que puedan ser movidos y finalmente descolgados mientras se realiza su limpieza.

— Intoxicación por el uso de distintos productos de limpieza que puede ser por inhalación o ingestión, de lo que hablaremos más adelante.

— Quemaduras: pueden estar provocadas por el uso de productos abrasivos para lo que se recomienda que estos productos se utilicen solo cuando sea estrictamente necesario y maximizando las precauciones, evitando dejar los botes abiertos y en lugares de paso. La manipulación de estos productos se hará con guantes protectores.

  El contacto directo con fuentes de calor se evitará, igualmente, teniendo especial precaución con las colillas que puedan no estar apagadas correctamente, no dejar el fuego encendido, alejar los aerosoles de fuentes de calor que puedan provocar su inflamación.

— Electrocuciones: se pueden producir por el contacto directo con máquinas eléctricas que puedan estar en mal estado. Es necesario evitar la manipulación de máquinas eléctricas cerca de agua; sustituir los cables pelados por otros en buen estado; desenchufar los electrodomésticos desde el enchufe y no desde el cable;desconectar la electricidad cuando se vaya a manipular algún enchufe, cortando el diferencial; no sobrecargar los enchufes ni los alargadores.

• Riesgos que producen enfermedades: nos referimos a trastornos musculares y óseos asociados a las actividades repetitivas derivados de un mal uso de las cargas. Como recomendación para evitarlos, se sugieren las siguientes indicaciones:

- Agacharse flexionando las rodillas en lugar de doblar la columna.

- No levantar peso por encima de los hombros.

- A la hora de transportar una carga, hacerlo de forma que se mantenga lo más pegado al cuerpo posible.

- En el caso de arrastrar algún mueble, es mejor empujarlo que tirar de él.

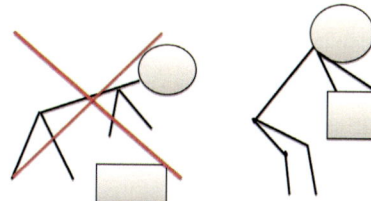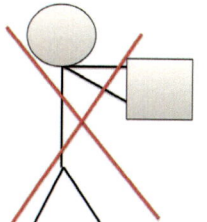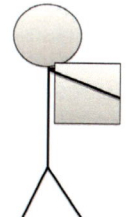

- Riesgos que pueden producir daños de ámbito psi-cológico: están directamente relacionados con el ambiente de trabajo y con la motivación y el reconocimiento. Es muy importante para evitar estos riesgos, que el trabajo se desarrolle dentro de un ambiente adecuado donde el trabajador se sien-ta valorado, respetado y su labor se reconozca, así como que el nivel de estrés se reduzca lo máximo posible.

1.7. Identificación de riesgos del domicilio de trabajo

El mayor o menor número de riesgos en los domicilios de trabajo van a depender de distintas variables. Estas se pueden concretar en las siguientes: estado de la vivienda, estado del mobiliario, distribución, decoración, estado de los útiles de limpieza, etcétera.

Para evitar los riesgos derivados de nuestra actividad laboral, es necesario iden-tificar cuáles son:

- En relación con el estado de la vivienda, tendremos que valorar distintos as-pectos como, por ejemplo, las ventanas, para evitar caídas cuando se realice la limpieza de las mismas.

- El estado del mobiliario, que no esté deteriorado hasta el punto de generar un riesgo para nuestra salud.

- La decoración sobrecargada puede suponer un riesgo igualmente, ya que los elementos que se encuentren en alto puedan caer.

- Los útiles de limpieza, como, por ejemplo, las escaleras, deben estar en correcto estado de conservación.

1.8. Identificación de riesgos derivados de la utilización y manipulación de productos

En las actividades de limpieza, son muchos los productos químicos utilizados que pueden causar algún tipo de daño sobre la persona que los manipula o sobre las superficies que se van a limpiar.

Estos productos pueden ser tóxicos, corrosivos, irritantes o inflamables, por lo tanto, los riesgos asociados al uso de estos productos son los siguientes:

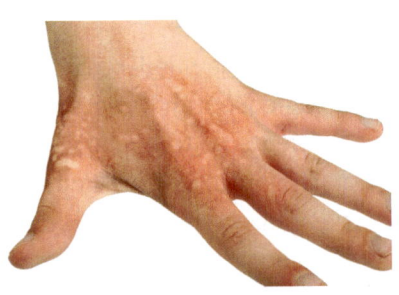

- Contacto directo con productos: en una mala manipulación de los productos, se puede dar el contacto con los mismos y siendo estos irritantes o corrosivos pueden producir irritación o quemaduras en la piel o los ojos. Estos efectos pueden aparecer inmediatamente o en un espacio de tiempo más largo en cuyo caso podría provocar alergias, eczemas, etcétera.

- Inhalación de productos tóxicos por vía respiratoria: nos referimos a la inhalación de productos químicos que contaminan el ambiente de trabajo a través de los vapores o gases irritantes que desprenden. Los efectos pueden ser la intoxicación por inhalación.

- Incendio y explosión: estos riesgos se presentan en productos inflamables o combustibles manipulados cerca de focos de calor, así como pulverizadores como, por ejemplo, espráis.

Los momentos donde se presenta más riesgo son los de trasvase de productos de unos envases a otros, ya que, de no hacerse con la suficiente precaución, podemos facilitar el contacto directo, la inhalación y el riesgo de incendio.

Como medidas preventivas se proponen las siguientes:

- Mantener las etiquetas de los envases originales de estos productos, ya que en ellas se encuentran los pictogramas establecidos para determinar cuáles son los riesgos asociados al uso de los mismos.

- Siempre que sea posible, sustituir los productos más peligrosos por otros que no lo sean.

- Utilizar guantes que eviten el contacto directo entre la piel y los productos tóxicos.

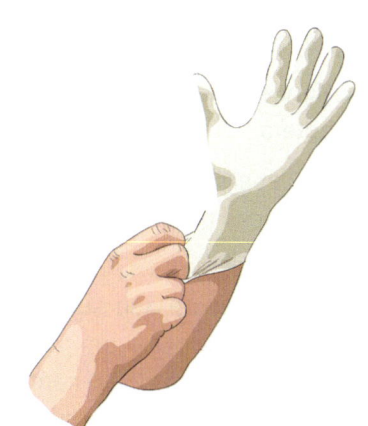

- A la hora de manipular sustancias que puedan desprender vapores o gases, es recomendable hacerlo en lugares donde exista la suficiente ventilación como para evitar que estos gases se acumulen y puedan ser inhalados.

- Evitar acercar los productos que puedan resultar inflamables a los focos de ignición, prestando atención también cuando utilicemos un espray de no dirigir el producto hacia bombillas encendidas.

- Mantener los recipientes de los productos químicos convenientemente cerrados para evitar derrames que puedan ocasionar riesgos, tanto a las personas que realicen la limpieza como a las superficies a las que pueda llegar.

- Evitar la mezcla de productos de limpieza que pueden reaccionar de forma violenta desprendiendo gases. Un ejemplo de productos que no deben mezclarse son las lejías con los productos que contengan amoniaco.

- A la hora del almacenaje de estos productos, deben estar fuera del alcance de los niños, reservando para ello un lugar alejado de los productos de alimentación.

1.9. Identificación de riesgos derivados del trabajo en altura

Las labores de limpieza del hogar suponen a menudo la necesidad de trabajar en altura. Algunos ejemplos son la limpieza de cristales, lámparas, superficies elevadas, etc. El principal peligro que entraña el trabajo en altura es el riesgo de caídas a distinto nivel, siendo esta la causa principal de accidentes graves y mortales en las actividades de limpieza.

Como medidas preventivas se proponen las siguientes:

- Evitar el uso de medios de elevación siempre que sea posible. Se intentará trabajar desde el suelo con herramientas que tengan un mango suficientemente largo como para poder hacer las tareas de limpieza desde el suelo.

- En el caso de que lo anterior no sea posible, se utilizarán los elementos elevadores que tengan la mayor superficie de apoyo posible, limitando el uso de las escaleras de tijera a las tareas de corta duración.

- Nunca deberán utilizarse elementos inestables como sillas, cajas, mesas, etcétera.

- No deberán utilizarse elementos elevadores si padecemos algún tipo de enfermedad o consumimos medicación que pueda generar mareo o pérdida de equilibrio.

- En el caso de que sea imprescindible el uso de escaleras, habrá que extremar la precaución para evitar el deslizamiento de la misma por un mal apoyo. Está también contraindicado que la escalera se apoye en algún otro elemento para ganar altura. La escalera, si se apoya sobre una pared, deberá hacerse con la inclinación suficiente como para evitar la caída una vez que estemos sobre ella.

- No deberá ser utilizada por más de una persona a la vez y no es recomendable subir ni bajar transportando algún tipo de carga que comprometa la seguridad del trabajador.

- Cuando la escalera que se va a utilizar sea del tipo tijera, se deberá abrir totalmente.

1.10. Presencia de personas en el espacio que se va a limpiar

En ocasiones, nos vamos a encontrar que a la hora de realizar nuestro trabajo, el espacio que se va a limpiar estará ocupado por otras personas. Aunque no es lo deseable, habrá que intentar compaginar las necesidades de las personas que viven en el domicilio y las necesidades de limpieza de las distintas dependencias.

En estos casos, en necesario que se lleguen a distintos acuerdos para que las necesidades de ambos puedan ser cubiertas. Será importante acordar con el empleador los horarios, tiempos y forma de actuar en estas situaciones.

En general, las personas que podemos encontrar en las dependencias que se van a limpiar y que no pueden desplazarse a otras habitaciones pueden ser niños pequeños, personas mayores o personas que estén impedidas. En todos estos casos habrá que extremar las precauciones en cuanto a evitar que estas personas puedan manipular los productos de limpieza o los útiles de limpieza. Igualmente habrá que tener cuidado a la hora de ventilar las habitaciones para que los cambios de temperatura no perjudiquen el bienestar de estos.

1.11. Utilización de equipos de protección individual

Los equipos de protección individual, llamados EPI, forman una serie de medidas que se deben utilizar en el puesto de trabajo, cuyo objetivo es evitar los riesgos inherentes al puesto de trabajo protegiendo a la propia persona frente a accidentes.

Los EPI que se utilizan en la actividad de limpieza doméstica son los siguientes:

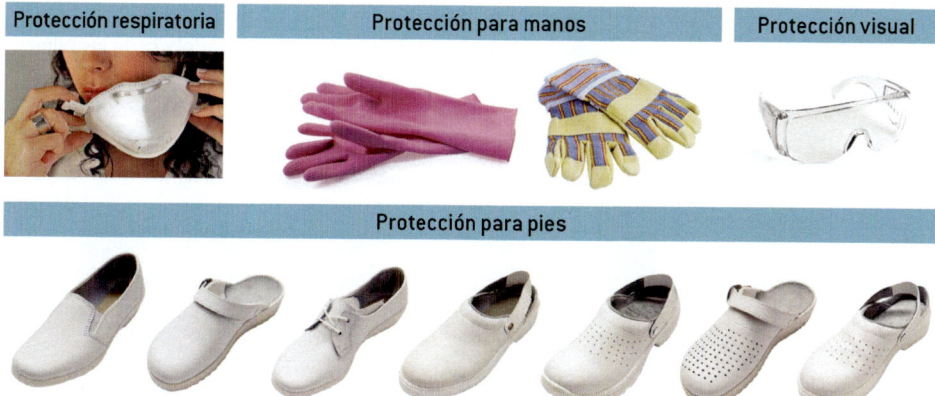

1.12. Siniestralidad en baño y cocina

Las zonas de la vivienda donde se dan el mayor número de incidentes son el baño y la cocina. Los elementos que hacen que esto sea así son la presencia de aparatos eléctricos y de agua, objetos cortantes, las pequeñas dimensiones que suelen tener estas estancias, presencia de alimentos, etcétera.

RIESGOS EN LA COCINA	
OBJETOS CORTANTES	Un aspecto que hay que tener en cuenta con respecto a altos riesgos en la cocina es la presencia de objetos cortantes, tales como cuchillos, tijeras, tenedores, etc. Que deberán ser guardados en lugar donde no suponga un riesgo. La vajilla o cristalería también supone un peligro si no se actúa con cuidado cuando se limpia.
ACCIDENTES CON ELECTRODOMÉSTICOS	Los electrodomésticos deben estar alejados del agua y se deberá extremar el mantenimiento, sobre todo, de los cables de alimentación.
PRODUCTOS TÓXICOS	Cuando nos dedicamos a la limpieza del mobiliario de la cocina, es muy importante tener en cuenta que los productos que estamos utilizando, sobre todo pulverizadores, no entran en contacto con alimentos. Por ello, cuando nos dediquemos a esta actividad, mantendremos despejada la zona que se va a limpiar.
INCENDIOS Y QUEMADURAS	Son estos los accidentes más habituales. Suelen suceder por la cercanía de trapos o manteles al fuego. En el caso de las quemaduras suceden por una manipulación indebida de las ollas, sartenes, cafeteras, etc., que se retiran cuando aún están calientes. Es también interesante tener en cuenta que los mangos no deben sobresalir del mobiliario para evitar accidentes. Las ollas a presión se deben abrir cuando el vapor haya salido totalmente.
RIESGOS EN EL BAÑO	
ACCIDENTES CON ELECTRODOMÉSTICOS	Los electrodomésticos deben estar alejados del agua evitando el contacto con el agua, para evitar electrocuciones. Es recomendable también utilizarlos con calzado y nunca descalzo. Los cables de alimentación deben estar en buen estado.

RESBALONES	Los baños suelen ser lugares en los que predominan los resbalones. Las caídas son muy peligrosas, ya que, debido a las dimensiones de estas estancias, se suelen producir golpes con los sanitarios que, en ocasiones, suelen ser muy peligrosos. Es importante el uso de calzado antideslizante.
CAÍDAS A DISTINTO NIVEL	Aunque no son exclusivas de los baños, aquí cobran más importancia por el riesgo a ser golpeados contra los sanitarios. Las escaleras que se utilicen deben ser apoyadas firmemente y comprobar que las patas de las mismas tienen recubrimiento antideslizante.

EN ESTE CAPÍTULO HEMOS APRENDIDO A:

- Identificar las diferencias entre higiene y desinfección.

- Reconocer la importancia que tienen las instrucciones que se reciben por parte de los clientes y la secuenciación del trabajo que desde ellos se extraen.

- Valorar los riesgos y molestias que conllevan las tareas de limpieza para las personas que se encuentran presentes en el espacio que se va a limpiar.

- Reconocer la necesidad de que las estancias sean ventiladas.

- Realizar la verificación necesaria para identificar errores en el trabajo.

- Conocer que los riesgos en el trabajo doméstico se dividen en: daños físicos, daños psicológicos y enfermedades relacionadas con el trabajo.

- Conocer la importancia del uso de los equipos de protección individual (EPI) y cuáles son.

EJERCICIOS DE REPASO Y AUTOEVALUACIÓN

1.1. ¿Por qué es importante la ventilación de las estancias?

1.2. ¿Qué pasos hay que seguir para una planificación adecuada de las actividades de limpieza?

1.3. ¿Por qué es importante tener en cuenta la presencia de personas en el espacio que se va a limpiar?

1.4. ¿Qué son los zapatos de seguridad, la mascarilla y los guantes?

1.5. Enumera los riesgos asociados a la actividad de limpieza.

1.6. Completa la siguiente frase:

Los momentos donde se presenta más riesgo son los de _____ de unos envases a otros.

1.7. Enumera tres precauciones para evitar los accidentes producidos por trabajos en altura.

1.8. ¿Por qué el baño y la cocina son zonas donde se pueden dar mayor número de accidentes?

1.9. En el baño, las caídas a distinto nivel pueden ser más graves, ¿por qué?

1.10. Señala la frase correcta:

a) Se utilizarán guantes de tela que eviten el contacto con los productos que se van a utilizar.

b) Las mascarillas están recomendadas siempre que se realice la limpieza.

c) El calzado de seguridad que se va a usar debe ser antideslizante para que evitemos los resbalones y caídas.

2. Materiales, equipos y superficies en los diferentes espacios de un domicilio particular

Introducción

En el momento que se inicia una relación laboral entre el empleador y el empleado doméstico, es necesaria la revisión de todas las instalaciones de la vivienda con el objetivo de observar el mobiliario y sus características, el pavimento, los objetos de decoración, la distribución, etc., que nos ayudará en la planificación de los útiles de limpieza que se van a utilizar, así como los productos que están más recomendados. Se producirá así una mayor rentabilidad del tiempo que ocupemos y una mayor eficacia en estas tareas.

Contenido

Objetivos

En este capítulo vamos a aprender a:

- Conocer los elementos y espacios susceptibles de ser higienizados y sus características.

- Conocer los útiles de limpieza y la idoneidad de uso.

- Identificar los distintos tipos de productos disponibles para la realización de la limpieza doméstica,
así como los riesgos derivados de una mala utilización de los mismos.

2.1. Tipología de elementos y espacios de limpieza: mobiliario, paredes, puertas, rodapiés, alfombras, ventanas y elementos circundantes

En las viviendas existen distintos elementos y espacios que limpiar. De las distintas tipologías existentes, dependerá el modo en el que se limpien y los medios que se utilicen para ello. A continuación procederemos a explicar los más usuales.

a) Mobiliario: el mobiliario de una vivienda lo forman los muebles y enseres móviles que sirven para el uso común de la casa. Nos referimos a mesas, sillas, sillones, muebles de televisión, etc. Pueden estar fabricados de distintos materiales como, por ejemplo, madera, hierro, metal, tela, etc. También podemos clasificarlos como mobiliario de interior y de exterior.

b) Paredes: las paredes sirven para separar unas estancias de otras y limitar la vivienda con el exterior. Al igual que en el caso anterior, las paredes pueden ser de ladrillo, yeso, pladur, etc., y pueden constituir un elemento decorativo de la vivienda, aplicándole algún tipo de pintura o papel.

c) Rodapiés: los rodapiés se utilizan para proteger la parte más baja de la pared de golpes y humedades. Suelen ser del mismo material que el pavimento.

d) Puertas: las puertas son los elementos que nos permiten pasar de una estancia a otra. Pueden darnos acceso al exterior de la vivienda o pueden ser interiores para pasar de una habitación a otra. También existen puertas fabricadas en distintos materiales como la madera, el hierro, el cristal, etcétera.

e) Alfombras: se suele colocar en los suelos con una doble función decorativa y de mantenimiento de temperatura. En ocasiones, también se colocan en las paredes. Hay distintos materiales para la fabricación de las alfombras que determinarán la manera de limpiarlas.

f) Ventanas: las ventanas son las aberturas que se sitúan en las paredes exteriores y que dotan a las habitaciones de luz y ventilación. Las hay con distintos sistemas de apertura, siendo las más usuales las correderas o las de apertura total; tamaños y materiales de fabricación, como el aluminio, el PVC o la madera.

g) Elementos circundantes. Nos referimos a todo lo que no esté incluido en los apartados anteriores como son: electrodomésticos, objetos decorativos, objetos de iluminación, utensilios, etcétera.

2.2. Identificación de composición de materiales y superficies: metálicos, madera, textiles, plásticos, cristales, metacrilato, cuero, productos pétreos o derivados, otras superficies

La identificación de los materiales con los que están fabricados los distintos elementos de una vivienda es muy importante, ya que va a determinar los productos y útiles que utilicemos en su limpieza. Hay que extremar las precauciones en este sentido porque si se utilizan productos o útiles inadecuados, se pueden causar daños irreparables en los elementos que se van a limpiar. Por ejemplo, si se utiliza un estropajo verde sobre un electrodoméstico, puede causar arañazos que no se puedan eliminar.

A continuación se relacionan los materiales más comunes:

Metálico		
Se utilizan tanto para recubrir otros materiales como elemento fundamental de fabricación.	**Cromados** Griferías, lámparas, objetos de adorno, lámparas y pomos.	

Metálico	Acero inoxidable	
Se utilizan tanto para recubrir otros materiales como elemento fundamental de fabricación.	Frigoríficos, microondas, fregaderos y baterías de cocina.	
	Aluminio	
	Ventanas, puertas, bandejas, baterías de cocina.	
	Latones	
	Grifos, pomos, lámparas y objetos de decoración.	

La madera y los derivados de esta son materiales muy utilizados en la fabricación de mobiliario y en los pavimentos, así como en puertas y ventanas.

La madera procede de un ser vivo y tiene unas características que no se pueden modificar. Los derivados de esta, los tableros, en cuya fabricación interviene la mano del hombre, están formados por partículas de fibra y madera y un adhesivo natural o sintético que mantiene los componentes unidos. Los tableros derivados de maderas se pueden clasificar en laminados, de partículas y de fibras.

Los pavimentos cuyo material de fabricación es la madera, son los parqués y las tarimas flotantes.

Los materiales textiles se utilizan para el recubrimiento de sofás, sillones y sillas, así como para la elaboración de elementos decorativos como pueden ser las cortinas y del menaje de hogar como son las mantas, sábanas, etc. Las fibras textiles pueden ser de origen natural, como la lana, la seda, el algodón, cuyo lavado debe ser muy cuidadoso, o de origen artificial, como el poliéster. En este caso, son más fáciles de lavar debido a su resistencia.

Los plásticos, como el PVC o la formica, se utilizan en la elaboración de muebles, utensilios, envases, suelos, etc., y su gran ventaja es la mayor durabilidad que aportan y su resistencia a la humedad.

La formica es muy utilizada como revestimiento de muebles aglomerados de cocina, consiguiéndose así una mayor resistencia y facilidad en la limpieza.

Los cristales y vidrios se utilizan en la fabricación de muebles, ventanas puertas, barandas, elementos decorativos y menaje de hogar.

La diferencia entre el cristal y el vidrio estiba en su resistencia. El cristal es mucho más resistente y está formado por derivados de los minerales, entre ellos el cuarzo. Sin embargo el vidrio se elabora de forma artificial y, aunque aparentemente son muy parecidos, es más frágil que el cristal.

El metacrilato es un plástico con aspecto parecido al vidrio y el cristal cuya composición es totalmente sintética. Es menos resistente que el vidrio y el cristal y más fácil de ser arañado. Se suele utilizar para elementos decorativos y mobiliario. Según las últimas tendencias, es un material muy utilizado en mobiliario de diseño.

El cuero es un material natural de origen animal que se suele utilizar en el tapizado de sofás y sillas. Las principales características de este material son durabilidad, resistencia y flexibilidad, que aporta un mayor confort.

Los materiales pétreos se obtienen de las rocas y se utilizan para la ornamentación de las viviendas. Se extraen de canteras donde se pueden encontrar en bloques o en losas, como el mármol y el granito, o en fragmentos, como la arena y la grava. Algunos ejemplos son la pizarra, el mármol y el granito.

Sus usos más comunes son los revestimientos de paredes, las encimeras de cocina y baño, y los pavimentos.

Otras superficies como, por ejemplo, los materiales porcelánicos son extremadamente duros y resistentes. Se suelen utilizar en la fabricación de piezas de baño, pavimentos y productos de decoración.

2.3. Caracterización de materiales y superficies: propiedades y características

Como ya hemos comentado con anterioridad, los materiales son los elementos que necesitamos para fabricar objetos. En base al tipo de material utilizado para su fabricación, así serán las propiedades y características de los objetos y, por consiguiente, condicionará los métodos más idóneos de limpieza.

Los objetos pueden estar elaborados por uno o más materiales.

Según su procedencia, podemos clasificar los materiales en naturales o artificiales.

Los materiales naturales son los que se encuentran en la naturaleza. Pueden tener origen animal, vegetal o mineral. Algunos ejemplos son la madera, las piedras, el algodón, el cuero, etcétera.

Los materiales artificiales son los elaborados por los seres humanos. Algunos ejemplos son el plástico, el vidrio, etc. Para crear un producto mediante un material artificial se realiza el siguiente proceso:

- Extracción de la materia prima de la naturaleza.

- Transformación de la materia prima en material artificial.

- Fabricación del producto final.

Las principales propiedades y características de los materiales son las siguientes:

- Dureza: la dureza del material se refiere a lo resistente que es frente a deformaciones y alteraciones. Se considera un material duro si al intentar hacer ralladuras, perforaciones o cambios en su forma es difícil o casi imposible llevarlo a cabo. Los diamantes y el acero son ejemplos de ello. Por el contrario, se considera que un material es blando cuando fácilmente se puede moldear o hacer cambios en su forma, como en el caso de la madera.

- Fragilidad: se refiere a si el material se rompe fácilmente o no. Un material frágil sería el vidrio mientras que el acero sería un ejemplo de no fragilidad.

- Flexibilidad: es la facilidad que tiene un material de doblarse sin romperse.

- Aislación térmica: es la cualidad que tienen los materiales de permitir el paso del calor o del frío. Un ejemplo de material aislante es la madera, por ello se usa como pavimento, ya que así se consigue que se mantenga la temperatura interior durante más tiempo.

- Transparencia: es la capacidad que tienen algunos materiales de dejar pasar la luz a través de ellos. Hay materiales trasparentes, como el vidrio; materiales opacos, que no dejan pasar la luz, como la cerámica, y materiales traslúcidos, que permiten el paso de luz, pero no se puede ver con claridad lo que hay a través de ellos, como, por ejemplo, la tela.

- Impermeabilidad: es la capacidad de permitir o no el paso de la humedad a través de él. Un ejemplo de materiales impermeables son los plásticos muy útiles para favorecer la durabilidad del mobiliario al que recubre.

2.4. Alteración de las propiedades de los objetos

Las propiedades de los objetos de los que disfrutamos en las viviendas pueden ser alteradas debido, entre otras causas, a una mala elección de los productos con los que limpiarlos. Como ya hemos apuntado antes, en función del material con el que esté elaborado el objeto que se va a limpiar, tendremos que utilizar un producto y un útil que mantenga el objeto en su estado original.

Estas alteraciones pueden surgir inmediatamente después de realizar la limpieza sobre las superficies, o puede ser una alteración paulatina.

Las principales alteraciones a las que hacemos referencia son las siguientes:

Rotura del material: si se utilizan productos de limpieza muy abrasivos sobre superficies, pueden llegar a romper el material con el que están elaboradas, dejándolas rugosas. Por ejemplo, utilizando salfumán sobre una superficie de mármol.

Cambios de color: suele ocurrir cuando utilizamos productos químicos algo abrasivos sobre superficies de plástico, como, por ejemplo, desengrasantes sobre carcasas de ordenador.

Pérdida de pintura o rotulación de objetos: suele pasar con el uso de productos que contienen alcohol sobre teclados de ordenadores. También sucede cuando utilizamos un estropajo muy duro sobre objetos pintados.

2.5. Identificación de los diferentes útiles del mercado

FREGONA: es un útil imprescindible en la limpieza de los pavimentos. Puede estar elaborada con distintos materiales entre ellos el algodón o materiales sintéticos como la microfibra. La fregona va unida al mango, que nos permite realizar las tareas de limpieza sin necesidad de agacharnos, y que puede ser de madera o aluminio, siendo estos últimos los más resistentes a la humedad aunque pueden doblarse con facilidad.

CUBO: los cubos se utilizan para mezclar los productos de limpieza con el agua. Los hay simples o con el escurridor incorporado, para que sea utilizado como medio para escurrir la fregona. Incluso los hay con ruedas para evitar cargar con ellos y los riesgos que conlleva levantar peso.

ESCOBA O CEPILLO: es una herramienta muy útil en las labores domésticas, ya que nos permite recoger el polvo y restos de suciedad del pavimento, agrupándolos en un lugar para recogerlo posteriormente. Está formado por una parte de plástico de la que salen las celdas, que tiene distinta suavidad en función de lo delicado que sea el pavimento que vayamos a barrer. Al igual que la fregona, incorpora también un mango.

RECOGEDOR: es un útil que se destina a recoger los restos de suciedad que previamente se han amontonado con el cepillo.

BAYETAS: son utensilios que se usan para eliminar el polvo de las superficies. Se pueden fabricar en distintos materiales como el algodón, la viscosa, el poliéster, etcétera.

ESTROPAJOS: se utilizan en la limpieza de los aseos y la cocina. Los hay de distintos colores que representan la dureza del mismo. Es importante que, en función de la superficie que se quiera limpiar, se use el estropajo adecuado. Si la superficie es muy delicada, se podrá usar la esponja que acompaña al estropajo.

MOPAS: están formadas por una base sobre la que se inserta una funda y desde la que sale el mango. La funda es la parte que está en contacto con el suelo y sobre la que se pulveriza el producto atrapapolvo que nos ayudará a recoger el polvo y los residuos sólidos instalados en el suelo. Suelen ser muy útiles en superficies delicadas, tales como parqué y tarima, ya que son superficies que no toleran la humedad de las fregonas.

2.6. Selección y uso de los diferentes útiles

Es fundamental la elección adecuada de los útiles que se van a utilizar para no provocar daños en las superficies que se deben limpiar y que el resultado sea el deseado.

Con respecto a las fregonas, se ha comentado que existen distintos materiales con los que se fabrica, y que sean más idóneos para las distintas superficies. Por ejemplo, si el suelo es de parqué, tarima, porcelánico o gres, se utilizarán fregonas fabricadas con microfibra, ya que son más absorbentes. Por el contrario, si los pavimentos son de terrazo o mármol, están más indicadas las fregonas de algodón.

Las escobas o cepillos se fabrican también en función dónde se vayan a utilizar. Las hay de cerdas más duras y largas, más adecuadas para superficies de exterior, y las hay más suaves y cortas, indicadas para superficies delicadas. Igualmente estas últimas suelen tener un recubrimiento de la zona del plástico con un material que amortigua los golpes para evitar los roces y arañazos del mobiliario.

Los estropajos suelen ser muy rasposos para determinadas superficies como, por ejemplo, el vidrio, los grifos, la madera, etc. Para ello, elegiremos estropajos de color azul que son más suaves.

Las bayetas se elegirán en función del uso para el que sean adquiridas. Si se van a utilizar para la eliminación del polvo del mobiliario, dan muy buen resultado las de algodón, sin embargo, si se van a usar en húmedo, serán más recomendables las de poliéster o viscosa para que facilite la absorción.

Las mopas se utilizan en los suelos para los que no son muy recomendables el fregado como, por ejemplo, el parqué y la tarima. Por otra parte, también se pueden usar en cualquier otra superficie si no se quiere fregar. Aportan gran cantidad de brillo a los pavimentos, ya que se utilizan conjuntamente con productos que facilitan ese efecto.

Las fundas de las mopas son también de distintos materiales. Se pueden desenfundar para lavarlas y también existen estas fundas desechables.

2.7. Procesos de conservación de útiles

La conservación de los útiles de limpieza es un aspecto que hay que tener en cuenta, ya que de su mantenimiento depende en gran parte la calidad de la higiene diaria.

Los útiles se ensucian diariamente y también se desgastan debido al uso continuado, y todo ello repercute negativamente en la calidad de los trabajos realizados.

Para una buena conservación de los mismos, se proponen las siguientes actuaciones:

- Una vez terminados de utilizar las bayetas y estropajos, es importante limpiarlos y dejarlos secar.

- No se deben guardar si aún se encuentran húmedos, ya que adquirirán un olor desagradable.

- Guardarlos en los lugares frescos y secos, y ordenados.

- Utilizarlos sobre las superficies para las que están concebidos.

2.8. Tipología de productos

A continuación, se aporta una relación de los tipos de productos más comunes:

a) Champús

Son productos de limpieza cuya principal característica es que generan espuma. Se fabrican a partir de emulsionantes y desengrasantes y están indicados en la eliminación de suciedades tales como grasa, restos de alimentos, aceites y lodos. Algunos ejemplos son los champús para alfombras y tapizados o los lavavajillas.

b) Desengrasantes

Sirven para diluir, remover o degradar grasas y aceites. Son una composición de desengrasantes y detergentes, y se utilizan para eliminar la grasa en general. Los hay también indicados para la eliminación de la grasa en textiles, que son utilizados como un prelavador de la ropa.

c) Detergentes

Los detergentes son productos de limpieza que están concebidos para separar la suciedad del tejido sobre el que están para posteriormente ser disueltas. Están compuestos principalmente por agentes tensoactivos y se usan en el lavado de ropa.

d) Abrillantadores

Los abrillantadores son productos que se utilizan para dar brillo generalmente a madera o metal. Suelen estar compuestos de aceites o ácidos. Los que están concebidos para metal incorporan un inhibidor de corrosión, mientras que los usados sobre madera incluyen protectores de deterioro.

e) Desinfectantes

Los desinfectantes tienen el objetivo de eliminar la suciedad y los microorganismos dejando las superficies libres de bacterias o virus. Algunos ejemplos son el cloro, detergentes, jabones, limpiapisos, limpiavidrios, etcétera.

f) Friegasuelos

Son productos con poder desengrasante y desinfectante en la mayoría de los casos. Suelen contener aroma que neutraliza los olores no deseados.

g) Limpiacristales

La función es similar a la de los friegasuelos a la que se le agrega la de desempañar los cristales.

h) Abrillantadores

Están creados a partir de aceites y se usan para dar un acabado brillante a los suelos. Son más eficaces en superficies como mármol, terrazo, madera, azulejo, granito, acrílico, cemento pulido, etc., y se usan después de la limpieza general.

i) Desincrustantes

Aunque los desincrustantes no son productos de limpieza como tal, son productos que también se utilizan en las labores de mantener la higiene de los domicilios. Suelen estar formados por ácidos muy fuertes, siendo el más común el ácido muriático. Los desincrustantes son utilizados para eliminar los materiales adheridos a otros. Un ejemplo de ellos son los productos que se utilizan para la limpieza interna de las tuberías.

j) Ambientadores

Se suelen utilizar en los baños o las estancias que se van a compartir y su objetivo es el de cubrir los olores no deseados. Los hay de distintos tipos, desde los eléctricos, que desprenden la fragancia cada cierto tiempo, hasta los más tradicionales como geles o pastillas. La mayoría de productos de limpieza llevan incorporados ambientadores.

SABÍAS QUE…

En el antiguo Egipto, los faraones y la nobleza sí valoraban la higiene. Usaban carbonato de sodio natural (natrón) como detergente y los esclavos fregaban el suelo con arena y agua para mantener los palacios limpios.

2.9. Productos de limpieza

Aunque son innumerables los productos de limpieza que actualmente se comercializan, nos detendremos en los más usados. A continuación se aporta una tabla:

PRODUCTOS	COMPOSICIÓN	INDICACIONES
LIMPIADOR AMONIACAL	Amoniaco, tensoactivos y aroma	Limpieza de suciedades compuestas por elementos grasos. Se puede utilizar en la mayoría de superficies.
LAVAVAJILLAS	Tensoactivos	Limpieza de vajillas.
LEJÍA	Hipoclorito sódico Blanqueantes	Superficies, objetos o textiles que se quieran desinfectar o blanquear.
DETERGENTE CLORADO	Hipoclorito sódico Tensoactivos	Suelos y superficies que se quieran desinfectar.
FRIEGASUELOS	Tensoactivos iónicos y no iónicos	Limpieza de pavimentos.
DESENGRASANTES	Tiene una formulación alcalina	Útiles de cocina.
LIMPIADOR DE CAL	Ácido fosfórico	Eliminación de cal en griferías, azulejos, mamparas, etcétera.
LIMPIADOR DE MOQUETAS	Base alcalina	Limpieza de moquetas y tapicerías.
AMONIACO	Gas de amonio	Gran capacidad en eliminar manchas difíciles. Funciona bien sobre tejidos.
LIMPIADOR WC	Productos desincrustantes	Interior de los inodoros.
LIMPIADOR DE MADERAS	Principalmente cera	Se utilizan en maderas.

2.10. Dosificación de productos de limpieza

La cantidad de producto que utilizar en las actividades de limpieza de los domicilios va a ir condicionada por distintas variables: suciedad, peligrosidad del producto y la superficie u objeto que limpiar.

Como indicaciones generales nos remitimos a las recomendaciones que el fabricante haga sobre las cantidades que se van a utilizar.

En general, muchos de los productos se pueden utilizar diluidos en agua o sin diluir, aplicando el producto directamente sobre la superficie u objeto que limpiar.

2.11. Indicadores presentes en el etiquetaje de los productos de limpieza

El etiquetaje de los productos es la primera información que recibe el consumidor sobre el producto que va a adquirir y los riesgos que conlleva su uso. Todos los recipientes que contengan un producto químico tienen que llevar obligatoriamente la etiqueta correspondiente que debe recoger los siguientes datos:

- Nombre de la sustancia o del preparado.

- Nombre, dirección y teléfono del fabricante o importador.

- Símbolos e indicaciones de peligro para destacar los riesgos principales.

A partir del 1 de junio de 2015, el Reglamento sobre clasificación, etiquetado y envasado (CLP) establece la forma de clasificar, etiquetar y envasar sustancias y mezclas químicas peligrosas conforme a una serie de símbolos y códigos universales, que se recogen a continuación en la siguiente tabla:

PELIGROS FÍSICOS Y QUÍMICOS		
	Explosivo	**Clasificación:** explosivo inestable, explosivo, peligro de explosión en masa, explosivo, grave peligro de proyección, explosivo, peligro de incendio, de onda expansiva o de proyección. **Precaución:** mantener alejado de fuentes de calor, chispas, llama abierta o superficies calientes. No fumar. Llevar guantes, prendas, gafas, máscara de protección. Utilizar el equipo de protección individual obligatorio. Riesgo de explosión en caso de incendio.

PELIGROS FÍSICOS Y QUÍMICOS		
	Inflamable	**Clasificación:** gas extremadamente inflamable, gas inflamable, aerosol extremadamente inflamable, aerosol inflamable, líquido y vapores muy inflamables, líquido y vapores inflamables, sólidos inflamables. **Precaución:** no pulverizar sobre una llama abierta u otra fuente de ignición. Mantener alejado de fuentes de calor, chispas, llama abierta o superficies calientes. No fumar. Mantener el recipiente cerrado herméticamente. Mantener en lugar fresco. Proteger de la luz del sol.
	Gas a presión	**Clasificación:** contiene gas a presión, peligro de explosión en caso de calentamiento. Contiene gas refrigerado, puede provocar quemaduras o lesiones criogénicas. **Precaución:** proteger de la luz del sol. Llevar guantes, gafas, máscara que aíslen del frío. Consultar a un médico inmediatamente.
	Corrosivo	**Clasificación:** puede ser corrosivo para los metales. Provoca quemaduras graves en la piel y lesiones oculares graves. **Precaución:** no respirar el polvo, el humo, el gas, la niebla, los vapores, el aerosol. Lavarse concienzudamente tras la manipulación. Llevar guantes, prendas, gafas, máscara de protección. Guardar bajo llave. Conservar únicamente en el recipiente original.
	Comburente	**Clasificación:** puede provocar o agravar un incendio; comburente. Puede provocar un incendio o una explosión; muy comburente. **Precaución:** mantener alejado de fuentes de calor, chispas, llama abierta o superficies calientes. No fumar. Llevar guantes, prendas, gafas, máscara de protección. Aclarar inmediatamente con agua abundante las prendas y la piel contaminadas antes de quitarse la ropa.

PELIGROS PARA LA SALUD		
	Toxicidad aguda	**Clasificación:** mortal en caso de ingestión. Mortal en contacto con la piel. Mortal en caso de inhalación. Tóxico en caso de ingestión. Tóxico en contacto con la piel. Tóxico por inhalación. **Precaución:** lavarse concienzudamente tras la manipulación. No comer, beber ni fumar durante su utilización. En caso de ingestión, llamar inmediatamente a un centro de información toxicológica o a un médico. Enjuagarse la boca. Almacenar en un recipiente cerrado. Evitar el contacto con los ojos, la piel o la ropa. Llevar guantes, prendas, gafas, máscara de protección. En caso de contacto con la piel, lavar suavemente con agua y jabón abundantes. Quitarse inmediatamente las prendas contaminadas. Lavar las prendas contaminadas antes de volverlas a utilizar. No respirar el polvo, el humo, el gas, la niebla, los vapores, el aerosol. Utilizar únicamente en exteriores o en un lugar bien ventilado. Llevar equipo de protección respiratoria. En caso de inhalación, trasportar a la víctima al exterior y mantenerla en reposo en una posición confortable para respirar. Guardar bajo llave.
	Peligros para la salud	**Clasificación:** puede irritar las vías respiratorias. Puede provocar somnolencia o vértigo. Puede provocar una reacción alérgica en la piel. Provoca irritación ocular grave. Provoca irritación cutánea. Nocivo en caso de ingestión. Nocivo en contacto con la piel. Nocivo en caso de inhalación. Nocivo para la salud pública y el medio ambiente por destruir el ozono estratosférico. **Precaución:** evitar respirar el polvo, el humo, el gas, la niebla, los vapores, el aerosol. Utilizar únicamente en exteriores o en un lugar bien ventilado. En caso de inhalación, transportar a la víctima al exterior y mantenerla en reposo en una posición confortable para respirar. En caso de ingestión, llamar a un centro de información toxicológica o a un médico en caso de malestar. Llevar guantes, prendas, gafas, máscara de protección. En caso de contacto con la piel, lavar con agua y jabón abundantes. En caso de contacto con los ojos, aclarar cuidadosamente con agua durante varios minutos. Quitar las lentes de contacto, si lleva y resulta fácil. Seguir aclarando. No comer, beber ni fumar durante su utilización.

		PELIGROS PARA LA SALUD
	Peligro grave para la salud	**Clasificación:** puede irritar las vías respiratorias. Puede provocar somnolencia o vértigo. Puede provocar una reacción alérgica en la piel. Provoca irritación ocular grave. Provoca irritación cutánea. Nocivo en caso de ingestión. Nocivo en contacto con la piel. Nocivo en caso de inhalación. Nocivo para la salud pública y el medio ambiente por destruir el ozono estratosférico. **Precaución:** ingestión y penetración en las vías respiratorias. Perjudica a determinados órganos. Puede perjudicar a determinados órganos. Puede perjudicar la fertilidad o al feto. Se sospecha que daña la fertilidad o al feto. Puede provocar cáncer. Se sospecha que provoca cáncer. Puede provocar defectos genéticos. Se sospecha que provocar defectos genéticos. Puede provocar síntomas de alergia o asma o dificultades respiratorias en caso de inhalación. En caso de ingestión, llamar inmediatamente a un centro de información toxicológica o a un médico. No provocar el vómito. Guardar bajo llave. No respirar el polvo, el humo, el gas, la niebla, los vapores, el aerosol. Lavarse concienzudamente tras la manipulación. No comer, beber ni fumar durante su utilización. Consultar a un médico en caso de malestar. En caso de exposición, llamar a un centro de información toxicológica o a un médico. Solicitar instrucciones especiales antes del uso. No manipular la sustancia antes de haber leído y comprendido todas las instrucciones de seguridad. Utilizar el equipo de protección individual obligatorio. En caso de exposición manifiesta o presunta, consultar a un médico. Evitar respirar el polvo, el humo, el gas, la niebla, los vapores, el aerosol. En caso de ventilación insuficiente, llevar equipo de protección respiratoria. En caso de inhalación, si respira con dificultad, transportar a la víctima al exterior y mantenerla en reposo, en una posición en la que pueda respirar confortablemente.
	Corrosivo	**Clasificación:** provoca quemaduras graves en la piel y lesiones oculares graves. **Precaución:** no respirar el polvo, el humo, el gas, la niebla, los vapores, el aerosol. Lavarse concienzudamente tras la manipulación. Llevar guantes, prendas, gafas, máscara de protección. Guardar bajo llave. Conservar únicamente en el recipiente original.

PELIGROS PARA EL MEDIO AMBIENTE		
	Peligro para el medio ambiente	**Clasificación:** en el caso de ser liberado en el medio acuático y no acuático puede producirse un daño del ecosistema por cambio del equilibrio natural, inmediatamente o con posterioridad. Ciertas sustancias o sus productos de transformación pueden alterar simultáneamente diversos compartimentos. **Precaución:** según sea el potencial peligro, no dejar que alcancen la canalización, en el suelo o en el medio ambiente. Observar las prescripciones de eliminación de residuos especiales.

2.12. Identificación de riesgos para la salud derivados de un mal uso de los productos de limpieza

Es necesario identificar dos tipos de riesgos en relación con el mal uso de productos de limpieza: los riesgos que afectan a las personas y los que afectan a las superficies, mobiliario y objetos que se van a limpiar.

En la actualidad, existe un sinfín de productos de limpieza que cada vez son menos tóxicos y generan menos riesgo para la salud de las personas que los manipulan, aunque no hay que olvidarse de que la manipulación de cualquier producto de limpieza entraña cierto riesgo. La mayoría de los accidentes ocurren por un exceso de confianza que hace que bajemos la alerta sobre las precauciones que se deben tomar.

Los riesgos para la salud derivados del mal uso de los productos de limpieza para las personas son los siguientes:

• Contacto directo con productos.

• Inhalación de productos de limpieza por vía respiratoria.

• Incendio y explosión.

Los momentos donde se presenta más riesgo son los de trasvase de productos de unos envases a otros, ya que, de no hacerse con la suficiente precaución, podemos facilitar el contacto directo, la inhalación y el riesgo de incendio.

Como medidas preventivas se proponen las siguientes:

• Mantener las etiquetas de los envases originales de estos productos.

• Respetar las recomendaciones que contengan dichas etiquetas.

• Siempre que sea posible, sustituir los productos más peligrosos por otros que no lo sean.

- Utilizar los equipos de protección individual.

- A la hora de manipular sustancias que puedan desprender vapores o gases, es recomendable hacerlo en lugares donde exista la suficiente ventilación como para evitar que estos gases se acumulen y puedan ser inhalados.

- Evitar acercar los productos que puedan resultar inflamables a los focos de ignición.

- Mantener los recipientes de los productos químicos convenientemente cerrados.

- Evitar la mezcla de productos de limpieza.

- Almacenar los productos en lugares alejados de la manipulación de otras personas, sobre todo niños.

- Al aplicar un producto nuevo sobre una superficie, comprobar su efecto en un lugar poco visible.

2.13. Utilización del aspirador

El aspirador es una herramienta que puede ser muy útil en la limpieza de los domicilios. Tradicionalmente se había utilizado en las moquetas y alfombras, pero en la actualidad se le están dando numerosos usos gracias a las numerosas boquillas adaptadas que se le pueden incorporar.

Los usos a los que nos referimos son los siguientes:

Limpiezas de suelos: los aspiradores tienen el módulo que se usa para las alfombras y que incorpora un pequeño cepillo si se quiere utilizar para la limpieza de los suelos. La principal ventaja es que aspira todo el polvo, siendo más eficaz.

Limpieza de paredes y techos: la limpieza de paredes y techos y, en general, de lugares inaccesibles, se vuelve mucho más fácil con la aspiradora, ya que el mango largo permite el acceso a cualquier rincón.

Limpieza de rincones y lugares pequeños: los aspiradores incorporan boquillas pequeñas que se pueden introducir donde la mano de la persona que limpia no cabe, facilitando así la higiene de rincones, guías de ventanas correderas, persianas, etcétera.

SABÍAS QUE…

Las primeras aspiradoras eran gigantescas. A finales del siglo xix, algunas aspiradoras eran tan grandes que necesitaban caballos para transportarlas, y funcionaban con un motor externo que succionaba el polvo a través de largas mangueras que se metían por las ventanas.

El aspirador consta de varias partes:

Fuente de energía: es un aparato eléctrico y, como tal, dispone de un cable y enchufe a través del cual se conecta a la energía eléctrica.

Cuerpo del aspirador: en él está incluido el motor de aspiración y la bolsa en la que se depositará el polvo una vez aspirado. En la actualidad, los aspiradores más modernos carecen de bolsa y el polvo se deposita en un recipiente con agua para evitar la propagación del mismo una vez que se quiera retirar.

Tubo de aspiración: es el tubo largo y flexible por el que trascurre el polvo desde el exterior hasta la bolsa o depósito destinado para tal fin.

Terminaciones: son las distintas piezas que se acoplan al final del tubo de aspiración y que nos permite darle distintos usos.

EN ESTE CAPÍTULO HEMOS APRENDIDO A:

- Diferenciar los elementos que se deben limpiar, identificando los materiales que los componen.

- Conocer las propiedades y características de los materiales con los que están compuestos los elementos que se van a limpiar.

- Diferenciar los útiles de los que podemos disponer para realizar la limpieza convenientemente, incluido el aspirador, y elegir los más adecuados en función de las superficies que vayamos a limpiar.

- Diferenciar entre los productos de limpieza que existen y a utilizar los más adecuados en función de lo que vayamos a limpiar.

- Interpretar los etiquetajes de los productos de limpieza con el fin de identificar que riesgos corremos cuando los manipulamos.

EJERCICIOS DE REPASO Y AUTOEVALUACIÓN

2.1. ¿Qué tipología de elementos y espacios que hay que limpiar podemos encontrar en una vivienda?

2.2. En los elementos que se van a limpiar en una vivienda, ¿por qué es importante conocer los materiales con lo que están fabricados?

2.3. De las siguientes propiedades de los materiales, indica cuál es falsa:
   a) Dureza.
   b) Flexibilidad.
   c) Aislación térmica.
   d) Belleza.

2.4. ¿Cuáles son las principales alteraciones que pueden sufrir las superficies?

2.5. ¿Qué tipo de estropajos están indicados en superficies como el vidrio, madera o grifos?

2.6. Completa la frase:

   Las _____ se utilizan en los suelos para los que no son muy recomendables el fregado como, por ejemplo, el _____ y la tarima.

2.7. Indica la respuesta correcta.

   Los desinfectantes tienen el objetivo de:
   a) Eliminar la suciedad y los microorganismos dejando las superficies libre de bacterias o virus.
   b) Abrillantar la madera o el metal.
   c) Eliminar los materiales adheridos a otros.

2.8. Une los productos de limpieza con las superficies y objetos para los que están indicados:

LEJÍA	Suelos y superficies que se quieran desinfectar.
LIMPIADOR DE CAL	Superficies, objetos o textiles que se quieran desinfectar o blanquear.
FRIEGASUELOS	Eliminación de cal en griferías, azulejos, mamparas, etcétera.
DETERGENTE CLORADO	Limpieza de pavimentos.

2.9. ¿Qué variables influyen en la cantidad de producto que deben utilizar en las actividades de limpieza?

2.10. ¿Cuáles son los riesgos para la salud derivados del mal uso de los productos de limpieza para las personas?

3. Operaciones de limpieza en domicilios particulares

Introducción

Son muchos los cambios que se han sucedido a lo largo del tiempo con respecto a la limpieza. Si bien en nuestros días los estándares de limpieza son, por lo general, bastante exigentes y comunes a todas las personas, independientemente de su situación social, en tiempos pasados esto no era así.

Hoy en día se sabe que hay una relación directa entre la higiene y la enfermedad, utilizándose la limpieza y desinfección como medio preventivo en la transmisión de enfermedades. Hasta los siglos XVIII o XIX, dependiendo del lugar, no se impuso la construcción de canales de desagüe que llevaran las aguas sucias fuera de las ciudades, ya que hasta ese momento se arrojaban a las calles. Igualmente se fueron desarrollando ordenanzas que prohibían tirar las basuras a las calles. Entre estos siglos también se inventa el hipoclorito de sodio (lejía) destacando su poder desinfectante.

Uno de los inventos que favoreció las operaciones de limpieza fue la incorporación de la sosa cáustica sintética al jabón, hecho que tuvo lugar en torno al año 1900.

Si quieres saber cómo se hace el jabón, escanea este QR:

Contenido

Objetivos

En este capítulo vamos a aprender a:

- Realizar la limpieza del mobiliario, paredes, puertas, alfombras, etc., a través de las técnicas más adecuadas en función de la tipología de material con los que estén elaborados.

- Realizar la limpieza de las distintas superficies, así como de cristales y ventanas a través de los diferentes tipos de técnicas que pueden aplicarse.

- Aplicar los distintos métodos de limpieza de baños.

- Eliminar las manchas de forma eficaz.

- Eliminar los residuos domésticos, conociendo las distintas alternativas sobre gestión de residuos.

- Hacer un buen uso del agua y la energía.

3.1. Técnicas de limpieza del mobiliario y de objetos ubicados en el domicilio

La suciedad que vamos a encontrar depositada en el mobiliario y en los objetos del domicilio provendrá de dos orígenes: el polvo que entra desde el exterior y las huellas que se puedan quedar marcadas por la manipulación de las personas que residan en la vivienda.

Limpieza del polvo del mobiliario:

- Lo primero que debemos hacer es despejar la superficie que vamos a limpiar. Si esta está ocupada por objetos decorativos, se deberán retirar de la zona, con mucho cuidado si son frágiles.

- Será necesaria una bayeta que esté impregnada de un producto que, sin ser dañino para la superficie o el material con el que esté fabricado el mobiliario u objeto, ayude a recoger el polvo, quedando así pegado a la bayeta y, al mismo tiempo, haga desaparecer las huellas.

- La bayeta se utilizará doblada y se irá deslizando por la superficie haciendo movimientos suaves y prestando atención a las esquinas de difícil acceso.

- Si la bayeta quedara sucia por el polvo, se hará un nuevo doblez de forma que la parte limpia sea la que quede en contacto con la superficie que se está limpiando.

- La limpieza de los objetos decorativos se podrá hacer con la misma bayeta, a no ser que sean muy delicados, en cuyo caso se puede utilizar un plumero o brocha.

- Si es necesario desplazar el mobiliario para facilitar el acceso a los espacios previstos de limpieza, habrá que tener en cuenta su ubicación al finalizar, respetando la distribución inicial.

3.1.1. Técnicas de limpieza y secuenciación de actividades en cada técnica

La secuenciación de la limpieza de mobiliario que proponemos es la siguiente:

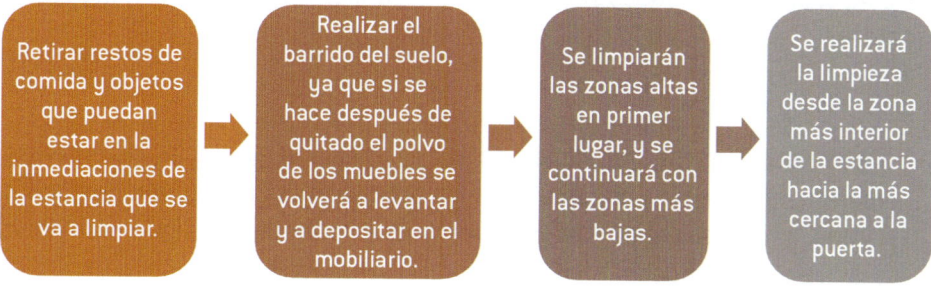

Retirar restos de comida y objetos que puedan estar en la inmediaciones de la estancia que se va a limpiar.

→ Realizar el barrido del suelo, ya que si se hace después de quitado el polvo de los muebles se volverá a levantar y a depositar en el mobiliario.

→ Se limpiarán las zonas altas en primer lugar, y se continuará con las zonas más bajas.

→ Se realizará la limpieza desde la zona más interior de la estancia hacia la más cercana a la puerta.

Los tiempos que se dediquen a las diferentes estancias y a los elementos de las mismas, van a depender de las siguientes variables:

- Horas acordadas de prestación de servicios con el empleador.
- Del tránsito de personas y número de personas.
- Presencia de niños o animales de compañía.
- Del entorno donde esté situada la vivienda, rural o urbana.

Planteamos como una temporalización idónea lo siguiente:

A DIARIO	Limpieza del polvo de los muebles y del suelo. Fregado. Limpieza de cuadros y objetos colgantes.
SEMANAL	Limpieza de objetos de decoración en profundidad. Limpieza profunda de los muebles.
QUINCENAL	Aspirado de sillones.

3.1.2. Relación de materiales y técnicas de limpieza

Como ya hemos comentado con anterioridad, el material con el que esté fabricado el mobiliario o superficie que se va a limpiar va a condicionar las técnicas de limpieza que utilizar. A continuación, se recomiendan las técnicas de limpieza que hay que utilizar en función de los distintos materiales:

Madera

- Si necesitamos utilizar un detergente, será siempre neutro. Habrá que evitar también el alcohol.
- Habrá que evitar el agua, y si no es posible, se utilizará en una bayeta muy escurrida.
- Se deberá tratar con cera para cubrir los posibles arañazos y dar brillo. En este caso, los resultados son mejores si se utiliza una bayeta de material natural.

Laminados y formica

- Al ser materiales impermeables, se puede utilizar el agua y los detergentes neutros, aunque hay que extremar las precauciones en las uniones de los cantos, ya que el pegamento de unión puede haber dejado algún poro por el que cuele la humedad.

- No están indicadas las ceras, ya que no se absorberían por el material dado su impermeabilización.

Plásticos

- Son materiales bastante resistentes a los productos químicos.

- Se recomienda el agua con detergente neutro, ya que son materiales impermeables.

- Son necesarias las bayetas que tengan gran poder absorbente para que no queden marcas de agua en la superficie.

Vidrios

Los vidrios los encontramos en las ventanas, puertas, muebles, mesas, objetos de decoración, etcétera.

Se pueden utilizar detergentes alcalinos, ya que es un material que no se deteriora.

- Hay que evitar el uso de estropajos que puedan producir ralladuras, utilizando una bayeta que sea suave y absorbente para evitar que queden restos de producto en los vidrios.

- Los limpiacristales están indicados en la limpieza diaria, pero si tienen restos de suciedad como, por ejemplo, de obra, habrá que enjuagarlos antes con agua, utilizando un rascador especial para vidrio.

- Para la limpieza de los cristales existen en el mercado unos útiles llamados limpiacristales que son unas herramientas en forma de T. Por una parte tienen una esponja para mojar los cristales y por la otra parte tiene una goma que, cuando se desliza por el cristal, recoge toda el agua, y lo deja libre de huellas.

Textiles

Los materiales textiles son encontramos en el tapizado de sillas, sillones, alfombras, cortinas, etcétera.

- Si lo que se pretende es la limpieza del polvo, se utilizará un aspirador.

- Si lo que queremos es eliminar manchas, se podrán eliminar con productos de limpieza en seco o detergente líquido. Para ello, tendremos que conocer, en función del tejido, qué producto es más adecuado.

- Si las manchas son de aceite, se utilizarán los polvos de talco como producto absorbente.

- De cualquier forma, si es posible, se intentarán lavar en la lavadora, ya que el lavado dará mejores resultados. Los sillones se desenfundarán y las cortinas se descolgarán, al menos, dos veces al año, pudiendo variar esta periodicidad si el empleador lo requiere.

Cromados

Son materiales cuya base es de metal y su revestimiento de cromo. Lo podemos encontrar en tiradores, objetos de decoración, grifos, patas de muebles, etcétera.

- No se recomiendan productos que contengan ácidos, ya que provocaría la pérdida de sus cualidades.

- Se debe utilizar un detergente neutro, dejándolo muy seco, ya que la humedad es un enemigo de estos materiales.

Pantallas y televisores

- Las pantallas y televisores son unos objetos muy delicados a la hora de la limpieza. Las que se comercializan hoy en día son muy sensibles a los arañazos y hay que evitar el uso de los productos químicos, así como los que contengan alcohol.

Es idóneo el uso de materiales suaves, agua y bayeta con gran poder de absorción que se aplique **muy escurrida**.

3.2. Técnicas de limpieza de paredes, puertas, rodapiés y alfombras

Paredes

La forma en la que deben limpiar las paredes, dependerá de si las paredes son rugosas o poseen gotelé. Siendo así, se pueden aspirar para eliminar el polvo. Si las paredes están pintadas con pintura lavable, se puede utilizar una bayeta húmeda y un producto neutro.

Si hay un revestimiento de madera, se utilizará un paño y producto para maderas.

El orden será siempre de arriba hacia abajo.

Puertas

Si las puertas están pintadas, se pueden limpiar con bayeta y jabón, evitando el uso de estropajos que puedan producir arañazos.

Si son de madera, se utilizará un producto específico para este material.

El orden sería el siguiente: en primer lugar los marcos y bastidores, prestando especial atención a la parte superior del marco que, al estar en alto, no se ve todo el polvo que acumula. A continuación, se limpiaría la hoja de la puerta, desplazando la bayeta por toda la superficies, insistiendo en las zonas donde haya huellas.

Rodapiés

Los rodapiés suelen acumular gran cantidad de polvo. Es importante que, cada vez que se realice el barrido general de la casa, se elimine el polvo de su superficie.

Cada cierto tiempo se hace necesario realizar una limpieza profunda de los rodapiés, ya también suelen acumular humedad que provoca la generación de hongos. En estos casos, la limpieza se hará con un estropajo que facilite la eliminación de los mismos, prestando atención a las esquinas.

Alfombras

La limpieza habitual de las alfombras se puede llevar a cabo con un aspirador. Las alfombras acumulan gran cantidad de polvo que puede perjudicar la salud de las personas que viven en el domicilio, más aún si alguna de ellas padece de alergia.

En el caso de que haya que eliminar alguna mancha de la alfombra, deberemos consultar las indicaciones del fabricante, en función del material utilizado para su fabricación. Como norma general, se podrá utilizar la limpieza en seco si el material lo admite o un detergente neutro y usar una bayeta para frotar la mancha hasta su eliminación.

3.2.1. Técnicas de limpieza y secuenciación de actividades en cada técnica

Para proceder a la limpieza de una estancia donde estén presentes los cuatro elementos antes mencionados, se comenzará, en primer lugar, por la limpieza de las paredes; se continuará, por las puertas: segidamente, por los rodapiés, y, por último, las alfombras. La secuencia será siempre la misma para todas las estancias, se comienza por lo que está en un lugar más elevado para acabar con lo que está menos elevado. Se tendrá en cuenta también comenzar con los elementos que están más hacia el final de las estancias, para terminar con los que están más cerca de la puerta. De esta forma se conseguirá un resultado mejor con menor esfuerzo.

Para los elementos anteriores, se propone la siguiente temporalización, aunque ya sabemos que esto irá en función de las horas que se destinen a la limpieza de esa vivienda en concreto:

CADA DOS DÍAS	Aspirado de alfombras.
SEMANAL	Limpieza de puertas. Limpieza de rodapiés.
MENSUAL	Limpieza de paredes.

3.2.2. Relación de materiales y técnicas de limpieza

La limpieza de paredes, rodapiés, puertas y alfombras necesitan de unos materiales específicos que ayuden a realizar estas tareas con mayor eficacia. Se proponen los siguientes:

La brocha: se utilizará para eliminar el polvo de las superficies, sobre todo de las que sean poco accesibles. Se puede utilizar en rodapiés, guías de ventanas, molduras de puertas y, en general, donde las celdas de la brocha puedan llegar y una bayeta no.

El plumero: se utiliza sobre todo para eliminar el polvo de superficies delicadas. Hay que tener en cuenta que el polvo no se adhiere al plumero, sino que se mueve y se sitúa sobre las superficies más cercanas, por lo que deberá utilizarse en primer lugar para posteriormente recoger el polvo.

Se puede usar para las lámparas, objetos delicados de decoración, cuadros, etcétera.

Los estropajos: se utilizan sobre materiales resistentes, ya que sobre otras superficies pueden ocasionar ralladuras. Los hay de distintos colores que los identifica según el grado de dureza. Por lo general, los de color más oscuro suelen ser más duros mientras que los de color más claro son más suaves.

El aspirador: como ya comentamos con anterioridad, los aspiradores incorporan distintas boquillas que se pueden utilizar sobre distintas superficies como los suelos, moquetas o pequeños rincones inaccesibles por la bayeta y la mano.

3.3. Limpieza e higienización de superficies

En apartados anteriores hemos explicado la diferencia entre higiene y desinfección. Podemos definir la higiene como la actividad que se lleva a cabo con el interés de reducir la suciedad, ya sea sobre la persona o sobre los objetos que nos rodean. Por otra parte, cuando hablamos de desinfección, nos estamos refiriendo a la eliminación de agentes bacterianos que están en nuestro entorno. Para ello, se deben utilizar productos químicos que promuevan dicho fin.

3.3.1. Técnicas de limpieza e higienización de superficies

Como ya hemos hablado en apartados anteriores de otras superficies como el mobiliario, las paredes, etc., en este nos detendremos en determinar la limpieza e higienización de suelos.

En un principio hay que determinar de qué material es el suelo. Los más usuales pueden ser: mármol, granito, plaqueta, y los asimilados a la madera como son el parqué o las tarimas.

Se aportan las siguientes indicaciones:

- La limpieza de los suelos se llevará a cabo diariamente.

- Para eliminar el polvo de los pavimentos, se usará el cepillo o la mopa. El recogedor servirá para poner los restos de polvo y poder tirarlos a la basura.

- El fregado de los suelos ayudará a eliminar las manchas que haya sobre él y también a recoger los restos de polvo que no se hayan eliminado con el cepillo.

Como producto de limpieza se establecen los siguientes:

- **Mármol y granito:** el mármol y el granito son superficies que suele dañarse fácilmente si se pone en contacto con ácidos como, por ejemplo, el limón, el vinagre o el vino. Estas manchas son difíciles hacerlas desaparecer, por lo que el mejor método es no dejarlas mucho tiempo sobre la superficie. Las lejías no deben utilizarse, ya que eliminaría el brillo del mármol.

- **Plaquetas:** las plaquetas son bastante más resistentes. No se manchan fácilmente. Se puede utilizar cualquier producto que no sea abrasivo para su limpieza e higienización. Hay que prestar especial cuidado en las juntas de los pavimentos, ya que, por una cuestión estética, se colocan dejando una separación entre ellos. Es en estas hendiduras donde más polvo se acumula.

- **Parqué y tarima:** el parqué y la tarima flotante son dos superficies bastante delicadas. Es recomendable que para la eliminación del polvo se utilice una mopa y se use en la dirección de las lamas, ya que así nos aseguraremos de que el polvo que se deposite entre las juntas sea eliminado. El fregado de los suelos de este material no se llevará a cabo diariamente, ya que la humedad no es recomendable. Cuando se haga, se utilizará un friegasuelos especiales para estos materiales.

Para todos los materiales anteriores, está indicado el uso del aspirador, ya que no daña ninguna superficie.

3.3.2. Secuenciación de actividades en cada técnica

Barrido

- El barrido es muy importante, ya que es en el suelo donde más cantidad de residuos se depositan.
- En las dependencias interiores hay que realizarlo a diario, sin embargo, en los exteriores no es necesario ser tan exigente. De cualquier manera, no se deberá descuidar estas zonas, ya que la suciedad del exterior se traspasará al interior de la vivienda a través del calzado.
- Hay que realizarlo antes que la limpieza del mobiliario para que cuando se levante el polvo en el barrido no se vuelva a situar sobre el mobiliario ya limpio.

Aspirado

- El aspirado puede sustituir al barrido y tiene algunas ventajas, como, por ejemplo, que no levanta el polvo del suelo y que es más eficaz, ya que llega a las juntas de las plaquetas y de las lamas de las tarimas y recoge todos los residuos.

Fregado

- Hay que prestar especial atención al fregado, ya que va a ser el que favorezca la higienización de las superficies. Deberá hacerse de forma diaria en las zonas de más riesgo como, por ejemplo, el baño y la cocina.
- Para las superficies de exterior habrá que valorar la frecuencia de fregado.

3.4. Técnicas de limpieza de cristales de ventanas y elementos circundantes (marcos, persianas y rejas)

En este apartado vamos a distinguir varias partes de las ventanas: los cristales, los marcos, las rejas y las persianas.

CRISTALES

La limpieza de cristales de ventanas se puede realizar con la bayeta mojada o con la bayeta seca.

La bayeta mojada se suele utilizar cuando hay una gran cantidad de suciedad sobre los cristales. Se elegirá una bayeta fabricada en poliéster o viscosa, ya que poseen un cierto poder de secado, y se le añadirá una solución jabonosa.

La bayeta en seco será utilizada cuando la cantidad de suciedad sea menor. El producto que debe acompañarla será un limpiacristales común.

MARCOS

Los marcos de las ventanas pueden ser de distintos materiales. Los más usuales son: madera, aluminio, aluminio lacado o PVC.

En función del material utilizado, se elegirá un tipo u otro de producto y de útil de limpieza.

En el caso de ventanas de madera, se elegirá un producto que ronde el pH neutro, siempre utilizando una bayeta que tenga poder de absorción, ya que la madera no tolera bien los excesos de agua. No están indicados los estropajos, ya que pueden arañar la capa que protege la madera.

Las ventanas de PVC están fabricadas de resinas plásticas y toleran bien los productos químicos. Se pueden utilizar los productos neutros.

Hay que evitar el uso de estropajos, ya que el PVC es susceptible de ser arañado con facilidad.

Los marcos de aluminio son muy resistentes a los cambios climáticos y a los productos químicos. Para su limpieza se puede utilizar una bayeta humedecida en cualquier producto que no sea abrasivo ni contenga ácidos.

Los marcos de aluminio lacado se comenzaron a utilizar a partir de los de aluminio convencional, ya que proporcionan una gama de colores más atractiva. El lacado se realiza con una impregnación de pintura. Son muy resistentes a los cambios climáticos.

No toleran los productos alcalinos, los estropajos ni los rascadores, ya que se suelen arañar con facilidad.

PERSIANAS

Las persianas actuales suelen fabricarse con dos materiales distintos: PVC o aluminio. Ambos son fáciles de limpiar.

Las persianas presentan su mayor dificultad en las zonas exteriores y en las ranuras que queda entre lámina y lámina. Las ranuras se pueden limpiar con una brocha o utilizando un aspirador. Las maquinarias que generan vapor suelen dar también muy buen resultado.

Para la limpieza de la parte exterior, hay que extremar las precauciones. En ningún caso lo haremos sacando el cuerpo por la ventana ante el riesgo de caídas. Abriremos el tambucho (lugar donde la persiana se enrolla) y lo iremos haciendo desde ahí. Al enrollarse la persiana sobre sí misma, la parte que da al exterior es la que vemos en este espacio. La iremos limpiando poco a poco al mismo tiempo que la recogemos.

Tanto las de PVC como las de aluminio serán limpiadas con detergentes neutros y con una bayeta suave.

REJAS

La limpieza de rejas se realiza con una bayeta mojada, ya que, debido a que se encuentran en el exterior de la casa, se acumula gran cantidad de suciedad.

Suelen ser de hierro y estar pintadas, o de aluminio.

3.4.1. Secuenciación de las actividades en cada técnica

La limpieza de estos elementos que dan al exterior de las viviendas, se van a ver condicionados por distintas variables:

- El tiempo de dedicación de las personas que se ocupen de la limpieza.

- La climatología. No será lo mismo la suciedad de las ventanas en un lugar donde llueva mucho, que donde no lo haga.

- La presencia de obras en las inmediaciones de la vivienda.

- La cercanía de una carretera de gran trasiego de vehículos.

- La situación de la vivienda en zona rural o urbana.

Por ello, es difícil establecer una periodicidad que sea adecuada para todas las viviendas. Aún a riesgo de que estas indicaciones no sean válidas para todos, proponemos las siguientes:

CRISTALES	Repaso 1 vez semana. A fondo 1 vez mes.
POYETES	1 vez semana.
VENTANAS	1 vez mes.
REJAS	1 vez mes.
PERSIANAS	1 vez mes.

En cuanto a la secuenciación, será la siguiente:

3.5. Técnicas de limpieza y desinfección de aseos

Para realizar la limpieza de un aseo es necesario aplicar técnicas de higiene y de desinfección. La combinación de estos dos sistemas logrará conseguir los objetivos más próximos a una adecuada higiene.

Es importante saber que en los aseos se genera mucha humedad debido a la presencia de agua y al uso de agua caliente que genera vapor y, por consiguiente, humedad. La presencia de humedad hace que proliferen los hongos.

Aunque los sanitarios están fabricados con porcelana, que es un material no poroso y que no permite la proliferación de gérmenes, hay que tener en cuenta que el agua posee gran cantidad de cal que se va depositando sobre la superficie de los inodoros. Estos restos de cal crean una nueva superficie porosa que se convierte en un hábitat para los gérmenes y las bacterias.

Para realizar conveniente la limpieza de los aseos, es necesario, en un principio, llevar a cabo la descalcificación de los sanitarios. Esto se puede hacer con un producto antical. A continuación, y evitando la mezcla de productos químicos, se puede añadir algún producto desinfectante como puede ser la lejía o bien algún detergente clorado.

De esta forma se consigue la desinfección y limpieza a la que hacíamos referencia.

3.5.1. Técnicas de limpieza de aparatos sanitarios

Vamos a ver las técnicas de limpieza de los distintos elementos que tienen presencia en un aseo:

Inodoros	• Se debe aplicar una solución desinfectante en el interior y frotarlo con una escobilla. Dejarlo que actúe. • Con el detergente clorado y un paño húmedo, continuar con la limpieza de las superficies y la tapadera. • Para finalizar, se pasa un paño seco por el inodoro. Es importante que los paños utilizados en el baño sean de uso exclusivo de esta zona de las viviendas. • Frotar el interior del inodoro. • Cada semana se debe utilizar un producto antical para eliminar los restos calcáreos.
Bañeras y duchas	• Enjuagar la bañera o ducha para quitar los restos de pelos. • Aplicar solución desinfectante y dejarlo actuar. A continuación, frotar con bayeta o estropajo suave. Igualmente se realizará sobre las mamparas. Se insistirá en los perfiles de las mamparas y las esquinas que son las zonas en las que más fácilmente se reproducen los hongos. • Enjuagar con abundante agua. • Pasar un paño seco por las superficies. • Utilizar un producto antical semanalmente.
Bidés	• Enjuagar el bidé para quitar los restos de pelos. • Aplicar solución desinfectante y dejarlo actuar. A continuación, frotar con bayeta o estropajo suave. • Enjuagar con abundante agua. • Pasar un paño seco por las superficies. • Utilizar un producto antical semanalmente.

3.5.2. Técnicas de limpieza de azulejos y accesorios

Los azulejos de los baños suelen estar fabricados en gres. Este material es bastante resisten a los productos químicos en general aunque no tolera los productos abrasivos.

La **limpieza de los azulejos** debe iniciarse por las zonas más altas del baño para continuar bajando hacia las zonas menos elevadas. Se pulverizarán con un detergente clorado para eliminar los posibles gérmenes. Si los azulejos están en la zona de la bañera o ducha, se deberán también tratar con producto antical, ya que la gran exposición a la humedad puede provocar la proliferación de hongos.

Se puede utilizar un estropajo, si hay mucha adherencia de cal, o una bayeta. A continuación se pasará un paño seco para eliminar los restos de producto y agua.

Los espejos se limpiarán con una bayeta y un producto limpiacristales. Será necesario hacerlo cuando no haya en el baño vapor de agua, para lo que será necesario airear el baño antes.

Para la limpieza de **los muebles de baño**, se tendrá en cuenta que no se utilice el agua en exceso y se procederá como ya se ha indicado en los apartados anteriores.

3.5.3. Técnicas de limpieza de suelos

La limpieza de suelos se realiza básicamente con un barrido, para eliminar el polvo, pelos y residuos, y un fregado. El barrido debe hacerse antes de que se limpien los sanitarios, ya que si cae agua al suelo, será muy complicado. El fregado se llevará a cabo al finalizar la limpieza del baño y se utilizará un producto desinfectante similar al utilizado en los sanitarios, siempre y cuando el material del pavimento lo admita.

3.5.4. Operaciones de reposición de consumibles

El **papel higiénico** se ha convertido en un producto imprescindible. Por ello, tendremos que revisar la cantidad de papel higiénico que hay en los baños, así como en la despensa para incluirlo en la lista de la compra. Será necesario reponerlo en los baños y mantener algún rollo más en el mueble que haya destinado para tal fin.

El **gel de manos** es muy importante para procurar la higiene de las personas que viven en el domicilio donde se prestan nuestros servicios. Hay que reponerlo cuando se gaste y tenerlo en cuenta para incluirlo en la lista de la compra.

Hay que saber si alguien de las personas que residen en el domicilio presenta algún tipo de alergia hacia los geles, en tal caso habrá que adquirir uno que sea hipoalergénico.

El cambio de **toallas de mano** debe hacerse dos veces por semana como mínimo. Las toallas de baño se cambiarán al menos una vez a la semana. Se deberán tender cuando se acabe de utilizarlas y así evitaremos que adquieran mal olor.

3.6. Técnica de limpieza de manchas

En relación con la aparición de manchas en los domicilios donde trabajamos, es necesario tener en cuenta varios aspectos:

- Se deberá limpiar lo antes posible, ya que cuanto más tiempo pase más difícil será de eliminar.

- Si la mancha está producida por un líquido, habrá que absorberla en primer lugar.

- Si es sólida, necesitaremos un producto de limpieza que la disuelva.

- Es muy importante conocer si el producto y la superficie donde se encuentra la mancha son compatibles.

3.6.1. Identificación de diferentes tipos de manchas: cosméticas, biológicas, alimentos, bebidas, otras manchas

Las manchas cosméticas suelen tener un gran componente oleoso, ya que el aceite se suele usar en la fabricación de estos productos. Como ejemplo podemos nombrar los lápices de ojos, pintura de labios, pintura de uñas, etcétera.

Su eliminación no presenta problemas sobre las superficies, pero es más difícil su eliminación sobre tejidos.

Las manchas biológicas a las que nos referimos son la sangre, la orina, las heces o los vómitos. Para una fácil eliminación de las mismas, es necesario que el tratamiento de limpieza se lleve a cabo inmediatamente.

Suelen eliminar el brillo del mármol y el granito.

Los alimentos que contienen grasas suelen ser muy difíles de eliminar. A este componente se le suma la presencia de colorantes. Por otra parte, las manchas de fruta, sobre todo moras, granadas, fresas, etc., son extremadamente difíciles de eliminar.

Las manchas de bebida, por lo general, suelen ser fáciles de eliminar. Las manchas de vino y de zumos de frutas presentan más dificultad sobre los tejidos, y sobre mármol o granito pueden ser muy perjudiciales.

En este apartado de otras manchas, podemos recoger las que son irreparables. Un ejemplo de ello lo tenemos en la decoloración que produce la lejía sobre los tejidos. Otro ejemplo de ello es el agua fuerte sobre el mármol. Al ser una superficie porosa, absorbe el producto y genera una mancha que deteriora la superficie.

3.6.2. Procesos de limpieza de manchas

Proponemos dos pasos para actuar sobre una mancha:

1.º Evitar que se extienda. Esto pasará con las manchas provocadas por líquidos. Se hará utilizando un papel absorbente o, si es de aceite, polvo de talco.

2.º Disolver la mancha. Se utilizará agua o productos químicos que faciliten la eliminación de la mancha. Es necesario hacer una prueba sobre la superficie en la que vamos a aplicar el producto.

3.6.3. Inconvenientes de una selección inadecuada del producto

Los efectos de una mala selección de los productos suelen ser el deterioro de la superficie tratada. El problema surge cuando no conocemos el material con el que está elaborada una superficie. Para no cometer errores, proponemos realizar las siguientes pruebas:

- Hacer una prueba en un trozo pequeño de superficie donde no se vea.
- Diluir el producto en una cantidad mayor de agua.
- Aclarar el producto lo antes posible.
- Prestar atención en los siguientes días por si hay algún cambio.

3.7. Clasificación y separación de residuos

Los residuos son los materiales sólidos o líquidos que ya no son de utilidad para el ser humano. Los residuos que se generan en las viviendas se suelen llamar comúnmente basura. Existen dos tipos: basura orgánica y basura inorgánica.

La basura orgánica es la que proviene de algún animal o planta.

La basura inorgánica proviene de materiales fabricados o manipulados por el hombre. Podemos nombrar las siguientes: papel y cartón, vidrio, latas, etcétera.

En la actualidad, un problema que preocupa mucho a los Estados es la cantidad de residuos que se generan. El aumento de la población ha provocado el aumento de los residuos y la dificultad de eliminarlos. Se oye hablar mucho del reciclaje, pero no todas las personas están suficientemente concienciadas con esto. El reciclaje de residuos es muy importante porque a través de él se consigue la reducción de la cantidad de residuos, así como una mayor eficacia en la utilización de los recursos naturales. Un claro ejemplo de ello lo tenemos en el papel. El papel se puede reciclar y generar un nuevo papel. Con este acto, además de reducir el residuo, estamos evitando tener que cortar más árboles para fabricar más papel.

A través de estas líneas, se pretende que la persona que tenga que clasificar los residuos de la vivienda, lo haga correctamente para poder reciclarlos. Estas serían las indicaciones:

Acumularemos de forma separada la basura orgánica de la inorgánica. Con respecto a la inorgánica, haremos tres distinciones:

- Vidrio.

- Papel y cartón.

- Envases (latas, tetrabriks, etcétera).

3.8. Depósito en los contenedores adecuados

Una vez que la basura está divida según hemos comentado en el apartado anterior, cuando sea necesario habrá que llevar a los contenedores oportunos. Se dispone de los siguientes:

- **Contenedor azul:** en él se debe depositar el papel, folletos publicitarios, revistas, periódicos, cuadernos, folios, bolsas de papel, sobres, cartulina y demás derivados del papel, cartón que conlleva todo tipo de cajas de cartón, envases de cartón, hueveras, etcétera.

- **Contenedor amarillo:** en él se deben depositar los envases de plástico, bolsas de plástico, envases de tetrabrik, botes plásticos de bebidas, bandejas de corcho blanco, envoltorios, film alimenticio. Además también se depositarán envases de metal, como latas de conservas, botes metálicos de alimentos, aerosoles vacíos, papel de aluminio, etcétera.

- **Contenedor verde:** en él se depositan botellas de vidrio, frascos y tarros de vidrio, envases de alimentos, etc. Las tapas metálicas pueden ir al contenedor amarillo. No se deben introducir materiales como bombillas, cristales de ventanas, espejos, etcétera.

> SABÍAS QUE…
>
> El reciclaje de papel permite obtener nuevos productos de este material con un 74 % menos de emisiones y evitando el 65 % de la contaminación de un proceso de papel con fibra virgen, generando un 35 % menos de contaminación del agua.

Existen otros tipos de contenedores, cada vez más extendidos, como el contenedor de pilas o los puntos SIGRE, dedicado a recoger los residuos que se producen de medicamentos, que son gestionados a través de las farmacias.

Hemos repasado cómo promover el reciclado para la reducción de residuos. Con este fin, también es útil utilizar la reutilización de los objetos. El objetivo de la reutilización consiste en alargar la vida de los objetos, dándole una nueva utilidad. Por ejemplo, las bolsas de compra se pueden reutilizar como bolsas de basura, evitando así el consumo excesivo de plásticos que contaminan el medio ambiente.

3.9. Utilización de puntos limpios

Los puntos limpios se han creado para facilitar la recogida de residuos peligrosos o de gran volumen para los que no existe un contenedor específico en la vía pública.

Estos puntos de recogida no tienen ningún coste para los usuarios, aunque hay que llevarlos personalmente. Suelen ser gestionados por los ayuntamientos o empresas destinadas por estos para tal fin.

Los residuos a los que nos referimos son el aceite usado de vehículo, baterías de automóvil, pilas, medicamentos, electrodomésticos, radiografías, tubos fluorescentes, etcétera.

3.10. Criterios para un uso racional del agua y la energía

El agua

El consumo de agua en países desarrollados es un problema que cada vez es más evidente. Según la Organización Mundial de la Salud, los motivos por los cuales el agua escasea se deben al aumento de población, el desarrollo urbanístico y el aumento del uso del agua con fines industriales y domésticos.

Esto debe hacernos pensar que es muy importante un uso racional de este recurso y que la responsabilidad no solo recae sobre los Gobiernos, sino sobre todos y cada uno de nosotros.

Todos los pequeños gestos que podamos hacer son importantes, siendo necesario que todos colaboremos con pequeñas aportaciones. A continuación, se describe una serie de recomendaciones:

- Cerrar el grifo mientras se enjabonan los platos de la cocina.
- Ducharse en vez de bañarse.
- Comprobar siempre que los grifos permanecen cerrados.
- Tirar de la cisterna solo cuando sea necesario. Si dispone de un pulsador de media carga, hacer uso de este.
- Utilizar la lavadora con carga completa.
- Utilizar el lavavajillas con carga completa.
- Cepillarse los dientes con el grifo cerrado.

La energía

Podemos diferenciar la energía en dos tipos: energías renovables y energías no renovables. Las energías renovables son las que se obtiene de la naturaleza y son inagotables, como, por ejemplo, el sol o el viento. Por otra parte, las energías no renovables no son recuperables, al menos a corto plazo. El petróleo es un ejemplo de ello.

De cualquier forma, el consumo excesivo de cualquiera de los dos tipos de energía produce un impacto negativo sobre el medio ambiente, por lo que, es competencia de todos, hacer un consumo responsable.

Para ello, el ahorro eléctrico es fundamental. A continuación, se aportan algunos consejos para su ahorro:

- Utilizar bombillas de bajo consumo.

- Apagar las luces de la casa cuando no sean necesarias.

- Apagar los pilotos de los aparatos eléctricos por la noche.

- Aprovechar el calor residual de la vitrocerámica y el horno para acabar de cocinar.

- Si es posible, utilizar la escalera en vez del ascensor.

- Aprovechar la luz del día para leer y estudiar.

EN ESTE CAPÍTULO HEMOS APRENDIDO A:

- Reconocer que las secuencias de trabajo están condicionadas por los intereses del empleador.

- Elegir los productos de limpieza idóneos en función del material con el que estén elaborados los objetos y mobiliarios.

- Diferenciar la higiene de la desinfección y sus principales características.

- Realizar el barrido y el desempolvado de cualquier superficie.

- Aplicar las técnicas de higiene y desinfección necesarias para conseguir unos estándares de limpieza aceptables.

- Evitar uno de los problemas que nos podemos encontrar en el baño como es la presencia de humedad.

- Eliminar las manchas producidas por productos óleos.

- Separar la basura orgánica de la inorgánica, así como los residuos que son reciclables.

- Utilizar medidas de ahorro de energía.

EJERCICIOS DE REPASO Y AUTOEVALUACIÓN

3.1. ¿Qué secuencia se seguirá en la limpieza del mobiliario?

3.2. ¿Qué actividades de limpieza se propone que se realicen a diario?

3.3. ¿Qué se recomienda para la limpieza de mobiliario u objetos elaborados con plásticos?

3.4. Completa la siguiente frase:

El _____ se utiliza sobre todo para eliminar el polvo de superficies delicadas. Hay que tener en cuenta que el polvo no se adhiere _____, sino que se mueve y se sitúa sobre las superficies más cercanas, por lo que deberá utilizarse en primer lugar para posteriormente recoger el polvo.

3.5. ¿Qué se recomienda que se utilice para la limpieza de las ranuras de las persianas?

3.6. Ordena la siguiente secuencia en la limpieza de una ventana:
    1. Los poyetes irán a continuación.
    2. Se continuará con las persianas.
    3. Se limpiarán las rejas.
    4. Se finalizará con los cristales.
    5. Los marcos serán los siguientes en ser limpiados.

3.7. Contesta si la siguiente frase es verdadera o falsa y razona tu respuesta:
    La limpieza de los azulejos debe iniciarse por las zonas más altas del baño para continuar bajando hacia las zonas menos elevadas.

3.8. ¿Porque deben limpiarse las manchas lo antes posible?

3.9. ¿Qué pruebas podemos realizar para comprobar si los productos que queremos utilizar van a deteriorar la superficie?

3.10. ¿Qué se deposita en el contenedor azul?